Ib T51 4177

LA CHAMBRE DEVANT LE PAYS.

LE SYSTÈME.

POLITIQUE EXTÉRIEURE. — POLITIQUE INTÉRIEURE.

LE CABINET DU 29 8bre,

L'ENTENTE CORDIALE. — LA CORRUPTION ÉLECTORALE.

APPEL AUX ÉLECTEURS.

PAR

CH. FAUVETY, ÉLECTEUR DE PARIS.

« Ils marchent encore, et cependant ils sont morts. »
L'ARIOSTE.

PRIX : 1 FR.

PARIS,

CHEZ TOUS LES LIBRAIRES.

1846

INTRODUCTION.

1830 A 1840.

Diviser pour régner !

« Le représentatif est une ânerie. »
(Un courtisan de juillet.)

Avant de retracer les œuvres accomplies par la chambre de 1842, nous avons besoin de jeter un rapide coup-d'œil sur les événements qui ont précédé et amené l'avénement du ministère du 29 octobre.

Le gouvernement de 1830 eut, comme on sait, au commencement de son existence, de grandes difficultés à surmonter. Menacé à l'extérieur par les dispositions hostiles des cabinets du Nord qui pouvaient éclater au premier prétexte, attaqué à l'intérieur par deux partis puissants qui entretenaient l'agitation dans tous les esprits, et faisaient souvent de l'opposition à main armée, l'ordre de choses ne fut occupé pendant plusieurs années qu'à se défendre contre ses ennemis du dehors par une politique pacifique et conciliante, contre ceux du dedans par la compression et la résistance absolue aux idées révolutionnaires.

Dès l'origine, les hommes qui avaient concouru à l'établissement de juillet, se séparèrent en deux grandes divisions qui touchaient par leurs extrémités, l'une au parti légitimiste, l'autre au parti républicain. Ces deux divisions sont celles qui se forment dans tous les pays et sous tous les gouvernements possibles. D'un côté étaient les hommes qui penchaient vers l'ordre, de l'autre ceux qui préféraient la liberté; d'un côté la résistance, de l'autre le mouvement. Les premiers, estimant que les 3 journées n'avaient rien changé en France, si ce n'est le nom d'une dynastie, voulaient la monarchie constitutionnelle, la paix à tout prix, la restriction du principe représentatif, la compression de l'esprit de propagande ; les seconds, ayant pris au sérieux le programme d'un trône entouré d'institutions républicaines, réclamaient la représentation des classes populaires, le développement des idées libérales, la révision des traités de 1815, la frontière reculée jusqu'au Rhin, etc...

Notre cadre ne nous permet pas de raconter les luttes qui s'engagèrent entre ces deux partis. Comme on le sait, le parti de la résistance n'a pas cessé depuis 1832 d'être à la tête des affaires. Dès cette époque, le pouvoir, soutenu par la faction doctrinaire, faction égoïste, cupide, intrigante, corruptrice, et cause première des fautes et des malheurs de la restauration, le pouvoir issu de la révolution entra avec ardeur dans les voies rétrogrades, et s'occupa obstinément à amortir l'esprit public. Tous les citoyens qui avaient constitué le gouvernement de juillet, et qui voulaient le ramener aux principes dont il était issu, furent signalés comme des hommes dangereux, abreuvés de dégoûts et livrés aux outrages d'infâmes séides. L'ingratitude fut érigée en maxime d'état. Bientôt la législation de septembre vint porter une atteinte mortelle à la liberté de la presse en même temps qu'elle dénaturait l'institution du jury. Le pouvoir, devenu hostile au pays, se défiait de la justice du pays. Sous prétexte de protéger la royauté, on érigea un simple délit de presse en attentat, et les écrivains furent arrachés à leurs juges naturels pour être soumis à la justice expéditive et sans appel de la chambre des pairs.

Cependant l'opinion était irritée de ces usurpations, de ces empiétements ; elle eut souvent aussi l'occasion de s'indigner des bassesses de la politique extérieure. Le système et ses instruments, les doctrinaires, tous les jours mieux connus et presque démasqués, devenaient odieux. La chambre élective parut s'inspirer des répugnances du pays ; les doctrinaires furent exclus des affaires.

Tant qu'il avait fallu se défendre contre les attaques des opinions extrêmes, les deux grands partis représentant le *pays légal* s'étaient conservés dans leur intégralité. Mais lorsque la paix fut assurée au dehors et l'ordre consolidé à l'intérieur, lorsqu'il n'y eut plus seulement à voter sur la paix ou sur la guerre et que les questions de principe ne furent plus en présence, les deux partis du mouvement et de la résistance commencèrent à se fractionner, à se diviser en plusieurs groupes ou coteries qui toutes aspiraient à conquérir le pouvoir ; mais ne pouvaient y parvenir qu'avec une majorité trop faible et trop incertaine pour le conserver longtemps.

La cour sut habilement profiter de cet état de choses, et commença à fonder sur la division des partis cette influence personnelle qui depuis lors n'a pas cessé de s'étendre, et qui a fini par devenir toute puissante dans le parlement. Au commencement de l'année 1836, M. Thiers, obéissant à son insu aux combinaisons du château, s'était séparé des doctrinaires et avait formé sans leur concours le cabinet du 22 février. A partir de ce moment, la discipline parlementaire fut rompue par la division de la majorité, et M. Thiers, qui avait toujours préconisé la maxime : le *Roi règne et ne gouverne pas*, devenait l'instrument de la prérogative royale et posait le premier fondement du gouvernement personnel.

Le cabinet du 22 février s'étant trouvé en désaccord avec la cour touchant la question espagnole, les doctrinaires revinrent au pouvoir avec le ministère du 6 septembre. C'est sous ce ministère que furent présentées les lois de dénonciation, de déportation, de disjonction, de dotation. L'esprit réactionaire n'avait pas encore entraîné le pouvoir à des mesures empreintes de tant de violence et de servilité. Aussi, le sentiment public se souleva contre ces mesures et contre ceux qui les proposaient.

Les doctrinaires furent de nouveau renversés, et lorsque le 15 avril, M. Molé vint aux affaires, il dut, pour effacer l'impopularité de toutes ces tentatives anti-libérales, faire de l'amnistie une des conditions de son avénement au pouvoir.

C'est sous le ministère du 15 avril que le déclassement des opinions commence à devenir saillant aux yeux de tous. C'est alors qu'on vit les doctrinaires se liguer avec leurs adversaires de la gauche et du centre gauche, au nom des mêmes principes qu'ils avaient toujours combattus lorsqu'ils avaient tenu le pouvoir. M. Guizot, qui devait plus tard faire passer la France sous les fourches Caudines de l'Angleterre, et résumer son système politique par le vote de l'indemnité Pritchard, M. Guizot accusait alors le cabinet d'abaisser la France au dehors, et de sacrifier le gouvernement parlementaire à l'influence de la cour !.....

Certes, pour les doctrinaires la coalition n'avait été qu'un moyen d'opposition, un effort combiné pour ressaisir le pouvoir ; aussi quand la France électorale eut vaincu, ils firent amende honorable au système, demandèrent pardon à la cour, et pour l'obtenir, ils promirent de l'aider à rendre inutile la victoire du pays. On sut habilement profiter de ces dispositions. L'influence dissolvante qui avait en 1836 divisé les doctrinaires en opposant M. Thiers à M. Guizot, et en mettant l'ambition inquiète de l'un en lutte avec l'impitoyable amour du pouvoir qui domine l'autre, cette influence corruptrice, qui était parvenue à fractionner les anciens partis et à les dominer par une armée de fonctionnaires toujours prêts à voter pour le pouvoir, quel qu'il fût, cette pensée si habile dans l'art de diviser et de corrompre sut si bien brouiller les cartes que la chambre, après deux mois de gestation, travaillée par l'intrigue, fatiguée par de laborieux avortements, se laissa imposer le cabinet du 12 mai.

Bien que par le fait des défections nombreuses qui suivirent sa victoire, la coalition ne pût parvenir à constituer un cabinet qui représentât le principe pour lequel elle avait combattu, elle eut encore assez de puissance pour rendre difficile et laborieuse l'administration du nouveau ministère, jusqu'au moment où ce cabinet, poussé par la cour à présenter le projet de dotation, vint se briser contre cet éternel écueil de la politique personnelle. Ainsi, deux fois les hommes indépendants de toutes les opinions s'étaient unis contre l'influence du château, et deux fois le principe parlementaire avait triomphé, malgré l'armée si compacte et si bien disciplinée des fonctionnaires amovibles et des aides de camp.

Peu de jours après, le ministère du 1er mars était formé.

Dix ans étaient écoulés depuis l'avénement de la royauté nouvelle. L'opinion publique avait suivi dans le pays à peu près les mêmes phases que dans la chambre. Tant que l'ordre avait été menacé, la bourgeoisie s'était tenue serrée autour de la royauté, et par crainte de révolutions nouvelles, elle s'était laissée entraîner jusqu'à une véritable contre-révolution. Cependant, elle avait résisté, comme la chambre, aux envahissements du gouvernement personnel, et en 1839, elle avait dans les élections donné gain de cause à la coalition, et par conséquent à l'influence parlementaire.

Au moment où nous sommes parvenus (mars 1840), les faits

accomplis étaient acceptés ; la France croyait qu'une ère nouvelle allait luire pour elle ; que les améliorations, réclamées par la voix publique allaient être accordées ; que le gouvernement représentatif serait pratiqué avec sincérité ; que des réformes, si modérées qu'elles fussent, donneraient un mouvement de satisfaction au pays ; qu'enfin le gouvernement, dans les relations extérieures, saurait jouer un rôle capable de rendre à la nation chez les étrangers cette dignité et cette grandeur, dont elle a été si jalouse !

Nous allons voir comment furent déçues toutes ces espérances.

CHAPITRE I.

> Dieu est le poète et les hommes ne
> sont que les acteurs. Les grandes pièces
> qui se jouent sur la terre ont été com-
> posées dans le ciel, et c'est souvent
> un faquin qui doit en être l'Atrée ou
> l'Agamemnon.

Imposé à la cour par l'union des diverses fractions de la chambre, le ministère du 1ᵉʳ mars représentait au pouvoir l'influence parlementaire. Obligé de donner satisfaction aux différents partis qui étaient entrés dans la coalition, il dut s'appuyer sur les éléments les plus divers, les plus hétérogènes. Il se trouva, dès l'origine, à la tête d'une majorité imposante, qui se composait du parti doctrinaire, moins M. Duchâtel et quelques amis, du centre gauche, et de la gauche qui avait pour chef M. Barrot, et enfin de cette partie des fonctionnaires, qui ne tardent jamais à soutenir de leurs votes le ministère accepté par la cour, tout en se réservant de se tourner contre lui au premier signal. Comme on le voit, une majorité ainsi composée dut donner lieu à bien des bouleversements au sein des anciens partis ; il y eut des scissions, des rapprochements, des amalgames ; des hommes qui avaient combattu tous les ministères depuis 1832, donnèrent leur appui systématique à celui-ci, et furent entraînés à voter pour la première fois les fonds secrets ; d'autres, qui avaient soutenu tous les cabinets précédents, furent tout étonnés de se trouver dans l'opposition. Ces derniers prirent à cette époque le nom de *Conservateurs*. Ils se composaient des membres restés fidèles au ministère du 12 mai, de cette partie des doctrinaires qui marchait sous la bannière de MM. Guizot et Duchâtel, et enfin de ces hommes du centre, fonctionnaires ou non, qui ont horreur de tout mouvement, et qu'on a appelés depuis les *Conservateurs bornés*.

M. Thiers, arrivant au pouvoir avec l'appui de la gauche, allait-il favoriser l'avènement d'une politique plus libérale ? Il était permis d'en douter, lorsqu'on considérait les actes de ses précédents ministères. Cependant, comme une grande partie des conservateurs lui refusait son appui, et que le concours de la gauche lui était nécessaire, il est rationnel de penser que le système du gouvernement se serait rapproché des opinions professées par la gauche dynastique. Quoi qu'il en soit, si M. Thiers eut l'intention de faire triompher sa nouvelle politique de fusion, il n'en eut pas le temps.

En effet, le cabinet du 1er mars ne gouvernait que depuis quelques mois, quand éclata un événement soudain qui produisit en France et en Europe une sensation profonde. Quatre grandes puissances venaient de signer à Londres, à l'exclusion de la France, le traité du 15 juillet 1840.

La question d'Orient pouvait devenir une cause de guerre générale.

Cette question n'était pas nouvelle. En 1832, l'armée de Méhémet-Ali avait envahi la Syrie, et Ibrahim son fils, après avoir battu les lieutenants du sultan, avait pénétré dans l'Asie-Mineure.

La Russie se porta médiatrice, et fit conclure un arrangement par suite duquel Méhémet-Ali fut investi de l'administration de la Syrie, où il établit un système de gouvernement qui rendit son nom odieux aux populations. Afin de contenir les habitants du Liban, habitués depuis longtemps à obéir à leurs princes sous la domination des Turcs, il dut entretenir en Syrie une armée nombreuse qui absorbait les finances de l'Égypte. Cette situation était trop onéreuse pour qu'il ne cherchât pas à y mettre un terme. Il demandait donc à la Porte de lui conférer le gouvernement héréditaire de l'Égypte et de la Syrie. Le sultan, bien loin d'y consentir, songeait au contraire à expulser de la Syrie celui qu'il regardait comme un sujet rebelle. Les Anglais entretenaient les ressentiments de Mahmoud et le pressaient d'envoyer une armée contre le pacha.

La haine des Anglais contre le vice-roi venait du refus qu'avait fait celui-ci de leur permettre l'établissement d'un chemin de fer par l'isthme de Suez. Méhémet était maître du passage par la mer Rouge et par les vallées de l'Euphrate, les deux routes qui mettent le commerce anglais en communication plus rapide avec les établissements de l'empire de l'Inde.

Le sultan, cédant aux instigations réitérées de lord Ponsomby, l'ambassadeur anglais, envoya une armée pour combattre Ibrahim ; celui-ci fut vainqueur à Nezib, franchit le Taurus, et marcha sur Constantinople. Sur l'invitation de la France, il consentit à s'arrêter.

La France craignait avec raison que, si l'armée égyptienne menaçait Constantinople, le divan n'appelât à son secours une flotte et une armée russes, ainsi que cela avait eu lieu en 1833, et on ne voulait pas habituer les Russes à se voir maîtres de la capitale de l'empire ottoman dont ils convoitent la possession depuis Catherine II. L'Angleterre et l'Autriche éprouvaient les mêmes craintes. D'accord avec ces deux pays, on proposa à la Prusse et à la Russie, en juillet 1839, de signer une note par laquelle les grandes puissances s'engageaient à traiter de concert toutes les questions qui se rattachaient à l'intégrité de l'empire ottoman. En vertu de cette note, on établit à Londres une conférence à laquelle furent soumises toutes les difficultés qui existaient entre le pacha et le sultan. En signant la note de Juillet, la France n'avait pas prévu qu'elle serait seule de son avis dans la conférence.

En effet, la France protégeait le pacha, qui, de son côté, avait toujours témoigné pour elle une grande prédilection. Le cabinet du 12 mai défendit avec beaucoup d'énergie les intérêts de Méhémet-Ali, qui demandait toujours l'hérédité de la Syrie et de l'Égypte. L'Angleterre et les autres puissances consentaient seulement à lui céder l'administration viagère de quelques districts de la Syrie. L'ambassadeur français à Londres était alors M. Sébastiani, qui trahissait secrètement la politique du ministère. Depuis 1830, M. Sébastiani était l'agent intime de la politique occulte. Sous le ministère de J. Laffite, et même sous celui de C. Périer, il avait été chargé en mainte occasion de démentir les notes officielles du cabinet, et il avait été également chargé d'intercepter les dépêches venant de nos ambassadeurs, afin de les soumettre à une volonté irresponsable, avant qu'elles passassent sous les yeux du conseil.

Voyant que l'Angleterre était mal disposée pour Méhémet-Ali, M. Sébastiani aurait volontiers accepté l'arrangement qu'elle proposait ; il était en cela d'accord avec les Tuileries. Le cabinet du 12 mai exigea alors le rappel de M. Sébastiani. M. Dufaure insista énergiquement pour ce rappel, et en fit une question de cabinet. La cour dut céder, et M. Guizot fut nommé ambassadeur à Londres.

M. Guizot ne fit pas faire un pas à la question d'Orient. Le ministère du 1er mars, qui venait de succéder au cabinet du 12 mai, s'impatienta de ces délais, et M. Thiers eut la malheureuse idée de vouloir que la question fût tranchée par un arrangement direct entre la Porte et le pacha. Les quatre puissances en prirent prétexte pour conclure un traité à l'insu de la France, et M. Guizot, qui avait été un professeur de Sorbonne renommé, mais qui n'était pas un fin diplomate, n'eut connaissance du traité qu'après qu'il eut été signé, et quand lord Palmerston voulut bien lui en donner *officieusement* communication (1).

L'indignation fut vive en France quand on apprit la convention du 15 juillet. On avait peine à s'expliquer comment l'Angleterre, notre alliée depuis dix ans, avait pu consentir à se séparer de nous pour se joindre aux gouvernements absolus; mais la nation conserva une attitude calme et fière; elle ne s'effraya pas en pensant que la France était isolée, et que le traité contenait la menace d'une nouvelle coalition. Le 29 juillet, jour où les restes des victimes des grandes journées furent transportés sous la colonne de la place de la Bastille, la garde nationale, au grand complet, accompagna ces dépouilles glorieuses, et l'on put remarquer qu'il régnait dans ses rangs un autre sentiment que celui de la peur.

Le système se montra d'abord fanfaron, belliqueux; il parla d'arborer le bonnet rouge au haut d'une pique et menaça l'Europe de la propagande. Il excita un enthousiasme général et en profita pour faire décréter les fortifications par ordonnance. Lord Palmerston déclara *qu'il le ferait passer par le trou d'une aiguille,* et lord Melbourne lui fit savoir que, s'il ne retenait pas sa langue, il enverrait une armée *pour balayer tout cela.* Alors le prudent système se calma; la maladie chronique de la peur reprit le dessus, et la nation s'aperçut bientôt qu'elle avait été jouée; mais le tour était fait.

Entre-temps une flotte anglaise canonnait les côtes de Syrie,

____

(1) Lord Palmerston ayant fait venir M. Guizot dans son cabinet, *lui fit lecture* du traité du 15 juillet. Ce traité avait été signé deux jours avant par les représentants des puissances, et l'ambassadeur français l'ignorait encore! Ce fait prouve à la fois le cas qué l'on faisait à Londres de notre représentant et la vigilance de celui-ci.

bombardait Beyrouth et St-Jean d'Acre, et notre flotte dans la
Méditerranée était rappelée à Toulon !

Pour comble de honte et de déception, au moment où l'on
nous faisait subir de si grandes humiliations, l'homme qui était
allé à Gand en 1814 pour rentrer en France à la suite des alliés
le lendemain du désastre de Waterloo, l'homme qui deux fois,
à 25 ans de distance, s'était entremis pour accomplir au profit de l'étranger le déshonneur de la France, M. Guizot le doctrinaire, était chargé du département des affaires étrangères !
Le cabinet du 29 octobre était constitué.

CHAPITRE II.

Le cabinet du 29 octobre. — Biographie politique de M. Guizot.—Rentrée dans le concert européen. — Les fortifications de Paris.

> Vous avez déshonoré la France !
> (Paroles de M. Thiers à M. Guizot, en 1844).

M. Guizot arrivait au pouvoir, et y apportait cette impopularité qui l'a toujours suivi, et qu'il a semblé quelquefois recher-
cher à plaisir. Son passé pesait sur lui, et la France se rappe-
lant qu'au moment de ses grandes infortunes, elle avait toujours
trouvé cet homme dans le parti des étrangers, le voyait avec
douleur arriver à la tête des affaires dans un pareil moment.
Les craintes du pays ne se réalisèrent que trop bien. Mais jetons
un coup d'œil en arrière pour savoir quel fut M. Guizot avant
cette époque. En étudiant son caractère dans les actes de sa vie,
on comprendra mieux les répugnances qu'il inspirait.

La carrière politique de M. Guizot commença en 1814, avec
la première restauration. Il fut secrétaire-général de l'abbé de
Montesquiou au ministère de l'intérieur. C'est lui qui rédigea

et défendit dans le *Moniteur* la loi de censure. Trois jours après la promulgation de cette loi, il était nommé censeur royal.

Pendant les cent-jours M. Guizot, resté d'abord à Paris, signa l'acte additionnel ; mais lorsqu'il connut les déclarations du congrès de Vienne, il prévit que Napoléon, ayant toute l'Europe à combattre, succomberait encore. Il prit alors son parti et alla offrir ses services à Louis XVIII ! M. Guizot a prétendu depuis, qu'il était allé à Gand pour donner des conseils à Louis XVIII. Cette excuse n'a jamais été prise au sérieux par personne. Tout le monde sait que Louis XVIII qui avait de l'esprit, mais encore plus de vanité que d'esprit, souffrait peu les conseils, même quand ils venaient d'un diplomate comme M. de Talleyrand. Aurait-il donc mieux écouté ceux d'un maître d'école sans nom, sans autorité, sans expérience politique ? M. Guizot se tournait vers le soleil levant ; ce n'est pas sa faute si ce soleil se levait à l'étranger. On sait qu'il participa à la rédaction du *Journal de Gand*, et qu'il eut le triste courage, le lendemain de la bataille de Waterloo, de célébrer le triomphe des alliés, et d'insulter au désastre de l'armée française.

Après le retour des Bourbons, il fut nommé secrétaire général au ministère de la justice. Il favorisa dans ce poste la réaction politique et religieuse de l'ancien régime, et il vit égorger de sang-froid, lui protestant, les protestants de Toulouse, d'Avignon et de *Nîmes*, la ville où il était né. Il organisa les cours prévôtales, *refondit* la magistrature, et élabora avec M. Decazes le projet de loi sur la suspension de la liberté individuelle.

Après la mort du duc de Berry, M. Decazes ayant été renversé, M. Guizot fut entraîné dans sa chute. Il fit alors des pamphlets contre le ministère de M. de Richelieu et les royalistes. M. de Richelieu avait droit cependant à quelque ménagement pour avoir délivré le sol de la France du contact des étrangers. Renvoyé de la chaire d'histoire, qu'il ne reprit qu'en 1828, sous le ministère de M. de Martignac, M. Guizot s'affilia à la société *aide-toi, le ciel t'aidera*, travailla dans des revues, dans des journaux, et en janvier 1830, il fut nommé député de Lisieux.

Après la révolution de 1830, M. Guizot devint ministre de l'intérieur ; mais le ministère dont il faisait partie ayant été rapidement emporté par le flot de juillet, M. Guizot entra dans l'opposition jusqu'à la formation du cabinet du 13 mars. Depuis

lors il fut un des fauteurs les plus ardents du système de résistance et de compression. Après la lutte des 5 et 6 juin, quand
l'insurrection était complètement vaincue, et que le calme régnait dans la capitale, c'est lui qui conseilla la mise de Paris en
état de siége, mesure condamnée par la voix publique, et dont
la cour de cassation fit justice.

M. Guizot entra au ministère du 11 octobre 1832 avec le portefeuille de l'instruction publique. Puis M. Thiers étant devenu
le chef d'un nouveau cabinet, M. Guizot fit une sourde opposition à son ancien collègue, qu'il appelait le *fléau du pays*. Lorsque M. Thiers se fut retiré, M. Guizot rentra au ministère le 6
septembre 1836, toujours avec le portefeuille de l'instruction
publique. Sa situation secondaire ne pouvant satisfaire son ambition, il intrigua contre le comte Molé, président du conseil.
On put reconnaître dans les mesures proposées à cette époque
l'influence de l'ancien collaborateur de MM. Decazes et Barbé-
Marbois. Les lois de disjonction, de déportation, de dénonciation rappelaient assez bien les premiers actes de l'ancienne réaction royaliste à laquelle il avait contribué. Mais la chambre re-
jeta ces propositions et renversa le cabinet.

M. Molé ayant pu constituer le cabinet en dehors de l'influence de M. Guizot, celui-ci commença par se tenir sur l'ex-
pectative, espérant que la combinaison du 15 avril ne durerait
pas ; mais son impatience se manifesta par les articles qu'il pu-
blia à cette époque, et bientôt par de sourdes menées, jusqu'à
ce qu'enfin ne pouvant plus attendre le pouvoir, il se joignit à
la coalition.

On sait que la France électorale s'étant prononcée pour les
principes de la coalition, le ministère du 15 avril dut se retirer.
On raconte qu'à cette époque, M. Guizot ayant été appelé aux
Tuileries, le roi commença par se plaindre des coalisés qui ten-
daient à blâmer la politique suivie depuis 1830, « mais, ajouta
S. M. j'ai tout oublié ! » M. Guizot, qui avait sans doute cruellement souffert d'avoir passé vingt mois hors des affaires, répondit sèchement : « Et moi, sire, je n'ai rien oublié ! » Mais comme
le roi ne l'appela plus que *son cher ministre*, les ressentiments
de M. Guizot se calmèrent peu à peu, et il finit par dire au roi,
avec cette modestie qui accompagne toujours le génie. « Moi
seul je puis vous sauver ! »

M. Guizot songeait donc déjà à trahir ses alliés. Il trouva

bientôt un prétexte dans la défiance que ceux-ci lui témoignaient, défiance bien justifiée cependant par tant de trahisons antérieures. L'ambassade de Londres fut le prix de sa défection.

Chargé de représenter son pays à l'étranger, il chercha dans les banquets, dans les applaudissements des Anglais, une compensation à l'impopularité dont il jouissait auprès de ses compatriotes. Par une négligence coupable ou par un calcul plus coupable encore, il ne sut pas se tenir au courant des actes de la conférence de Londres, et la veille du traité du 15 juillet il écrivait à M. Thiers, qu'aucun arrangement n'aurait lieu de quelque temps encore. Jamais ambassadeur n'avait pris sa mission si peu au sérieux. Il est évident que M. Guizot s'occupait bien moins à veiller aux intérêts de la France, qu'à faire naître des circonstances favorables pour sa rentrée aux affaires, et à profiter de toutes les fautes de M. Thiers, pour prendre sa place au pouvoir.

Avant de se retirer, M. Thiers avait, par sa note du 8 octobre, déclaré que la France ne souffrirait point que le vice-roi fût dépouillé du gouvernement héréditaire de l'Egypte. Lord Palmerston s'était empressé de faire savoir à M. Thiers que les puissances useraient de leur influence auprès de la Porte pour faire garantir l'administration héréditaire de l'Egypte à Méhémet-Ali. après l'avénement du 29 octobre, lord Palmerston eut un langage plus hautain ; il était bien sûr qu'on ne tirerait pas le canon. En effet, le système aurait demandé même dès ce moment à rentrer dans le concert européen, s'il n'avait pas voulu profiter des craintes de guerre que l'isolement de la France entretenait dans les esprits, pour obtenir la loi sur les fortifications de Paris.

Pour arriver à ce résultat, on feignit de craindre la guerre, on inventa le système de *la paix armée* ; on professa à la tribune et dans les journaux que la France devait *s'isoler dans sa force,* jusqu'au jour où elle pourrait rentrer avec honneur dans le concert des puissances. Les aides-de-camp du château s'agitèrent, les généraux dévoués composèrent des mémoires, les écrivains firent des brochures, les journalistes bâclèrent des premiers-Paris, les députés orateurs improvisèrent de magnifiques discours ; les tièdes furent réchauffés, les simples furent séduits, les consciences vénales furent achetées, les esprits timorés furent intimidés, et la race moutonnière suivit le mouvement. Grâce à cet admirable ensemble, les fortifications furent votées, et le budget fut chargé de 140 millions. Aujourd'hui le pays a ouvert les yeux, et rend justice aux quelques voix indépendantes qui se sont élevées alors pour combattre cette fatale mesure; mais il est trop tard; Paris, entouré de bastilles, voit venir avec crainte le jour où il ne se trouverait plus en parfait accord avec son gouvernement, et où ce gouvernement songerait à se retirer avec les troupes dans ses 18 forteresses.

Nous citerons à ce propos ce que disait dans une brochure un major du génie prussien, M. Blesson. La vérité sur les intentions de nos gouvernants nous est souvent arrivée de l'étranger, et d'ailleurs nos hommes d'état ont plus de confiance dans les opinions qui nous viennent d'outre-Rhin ou d'outre-Manche, que dans celles qui naissent sur notre sol.

. . . . . . « Mais si les troubles surviennent, si les masses comme
« peuple souverain, si les rhéteurs, du haut de la tribune, veu-
« lent gouverner, on ferme les barrières pour quelques jours,
« et l'on prescrit une diète convenable, jusqu'à ce que la raison
« soit revenue; si la presse se rend dangereuse, si l'on fait appel
« à la guerre, on s'empare des émeutiers, et on leur assigne
« des logements propres à opérer leur guérison. Bref, Paris sera
« ramené tout à la fois matériellement au repos, à l'or-
« dre et à la conviction qu'une capitale fortifiée est le complé-
« ment nécessaire d'une république revêtue de formes monar-
« chiques. »

On n'attend pas de nous que nous nous étendions sur le danger des forts détachés, et sur leur inutilité vis-à-vis de l'ennemi. Tout a été dit sur cette matière; M. Arago a approfondi le sujet et fait justice de tous les mensonges et de toutes les hyperboles qu'avaient entassés les partisans du système. Qu'on nous permette seulement, avant de finir, de rapporter une phrase que nous avons entendue de la bouche d'un député très dévoué à l'ordre de choses : « Les fortifications, disait il, ne pourront jamais servir contre l'étranger; d'une autre part on désire n'avoir jamais à s'en servir contre le dedans; on frémirait d'avoir à diriger contre Paris le feu des citadelles, car brûler Paris, c'est abdiquer; mais les fortifications nous sont très utiles comme épouvantail. »

Que de millions sacrifiés pour faire peur !

CHAPITRE III.

> Il faut être impopulaire!
> (Paroles de M. Guizot).

Le cabinet du 29 octobre persistait dans son système de politique anti-française. Les esprits étaient ulcérés; les répugnances qu'inspirait le ministère, pouvaient faire explosion au premier prétexte. On en eut la preuve dans l'affaire du recensement, qui provoqua des troubles dans plusieurs villes. Lorsqu'on connut le traité de visite de décembre 1841, l'indignation fut au comble.

Ce fut sous l'impression de ces sentiments d'aversion, que les élections furent faites. Le jugement du pays fut la condamnation du ministère. Il allait donner sa démission quand la mort du prince royal lui fournit un prétexte de prolonger son existence. La question de cabinet disparut en présence de la gravité des circonstances.

Toutefois l'esprit de la chambre, écho fidèle des répulsions du pays et de l'indignation publique, se manifesta dans le vote de l'enquête sur les élections. Les manœuvres de fraude et de corruption avaient été pratiquées si ouvertement, que la chambre ne put s'empêcher de commencer une instruction sur les faits qui lui étaient dénoncés. Mais la commission recula devant le scandale qui serait résulté d'une enquête générale et vraiment sérieuse. La chambre se contenta de flétrir les moyens employés par les agents du pouvoir. Le ministère, déjà familiarisé avec la honte, subit ce vote sans sourciller.

Après l'adoption de la loi de régence, les chambres furent prorogées.

Cette tactique réussit parfaitement. Le cabinet mit à profit l'intervalle qui s'écoula entre les deux sessions. Il acheta dix ou douze voix; il les paya par des faveurs, par des emplois, et quand la session s'ouvrit, on fut bien surpris qu'une majorité, quelque faible qu'elle fût, appuyât une administration condamnée par les colléges électoraux.

La session de 1845 prouva néanmoins combien la chambre se sentait encore sous l'influence des élections. Malgré les moyens de captation employés par le cabinet, elle se prononça énergiquement contre le droit de visite, et demanda le rappel des traités de 1831 et 1833. En outre, et malgré la protection de la cour, le cabinet essuya échec sur échec, affront sur affront. Nous ne ferons pas l'énumération de toutes ses défaites ; mais on peut affirmer que jusque là on n'avait pas encore vu, sous un régime constitutionnel, un ministère se maintenir malgré tant et de si honteuses mortifications.

Souvent même la patience de la chambre parut à bout ; mais alors le ministère redoublait ses intrigues, multipliait ses moyens de corruption, et se cramponait au pouvoir. — La majorité, en votant pour lui, manquait à ses engagements et discréditait le système représentatif. Les membres de cette majorité avaient presque tous désavoué le cabinet en face des électeurs ; la plupart des candidats avaient formellement promis d'exclure des affaires le ministre qui avait conclu le traité de décembre. Et après ces engagements solennels, la majorité supportait encore M. Guizot. Pour toute punition, il était réduit à ne pas faire honneur à sa signature, à déclarer aux puissances « *qu'il regrettait bien de ne pouvoir donner* sa ratification, puisque pour lui accorder des facilités, le protocole était resté ouvert à Londres, mais que la France ne le permettait pas ! »

Le traité du 20 décembre avait été signé en effet par les quatre puissances. L'époque du 20 février fixée pour la ratification était passée. Lord Aberdeen avait dans une dépêche précisé la situation en termes très-durs : « Lorsque, dans les pays constitutionnels, disait cette dépêche, le ministre qui a conclu et signé un traité éprouve des pouvoirs de l'État le refus de ratification, ce n'est pas le ministre signataire qui peut notifier son refus, mais son *successeur*. » C'est ainsi en effet qu'en Angleterre on entend le gouvernement constitutionnel ; mais M. Guizot n'est pas si méticuleux. Il est avec sa dignité des accommodements. M. Guizot ne put faire accepter par la chambre le traité du droit de visite, mais il n'en resta pas moins à la tête du cabinet, et l'alliance anglaise se trouva de nouveau compromise. Comme après le traité du 15 juillet, la France se trouvait *encore exclue* du concert européen. Qu'on nous permette de nous arrêter un moment, pour jeter un coup-d'œil sur les diverses phases de l'alliance anglaise à laquelle le système a fait tant de sacrifices. Cette digression est nécessaire pour éclairer ce qui nous reste encore à raconter de nos rapports avec l'Angleterre.

Le lendemain de la révolution de juillet, le parti Whig en Angleterre se prononça en faveur de cette révolution. Arrivé bientôt après aux affaires par suite du mouvement des esprits, il devint notre allié, et les deux gouvernements s'entendirent d'abord pour résoudre des questions et des difficultés pendantes.

Les Whigs étaient mal vus en Europe, tant à cause de l'appui qu'ils avaient prêté au gouvernement né de la révolution de juillet, que parce qu'ils étaient arrivés au pouvoir par les idées de réforme et de progrès.

L'Europe, contrariée du libéralisme du gouvernement anglais, pensa qu'en agissant sur la France, elle relâcherait une alliance qui avait réduit le continent à un rôle secondaire. Elle s'aperçut bientôt qu'un gouvernement de parvenus était plus accommodant qu'un gouvernement d'aristocratie.

Cédant aux insinuations des puissances continentales et séduit par leurs cajoleries, le cabinet des Tuileries fit intriguer à Londres contre les Whigs par M. de Talleyrand. Lord Palmerston en fut irrité, et pour témoigner sa mauvaise humeur, il fit attendre près d'une demi-heure dans son antichambre l'ambassadeur français. Le prince de Bénévent ne lui pardonna jamais, et lorsqu'il revint à Paris, il fit partager son ressentiment et sa nouvelle opinion sur l'alliance anglaise, qu'il résuma par cette parole : « Il n'y a rien à faire de l'autre côté du détroit. » Cela se passait sous le ministère doctrinaire du 11 octobre.

La division qui existait entre les cabinets de Londres et de Paris, se manifesta d'abord sur la question d'Espagne. Après le traité de la quadruple alliance, le cabinet français voulait intervenir en Espagne. On croyait que le but de Louis-Philippe, était de ménager un mariage entre le prince des Asturies et la reine Isabelle. Le cabinet anglais ne se soucia pas que l'intervention eût lieu.

Plus tard, sous le 22 février (en 1836), M. Thiers, qui venait d'être joué par l'Autriche, voulait se rapprocher des Whigs.

2

Ceux-ci voulaient alors intervenir, soit pour se rendre populaires en affermissant le trône constitutionnel d'Isabelle, soit pour se venger de l'Europe qui intriguait contre eux. Le roi s'opposa à l'intervention, et M. Thiers se retira. Les doctrinaires secondèrent la nouvelle politique du système, et penchèrent avec lui vers le continent, et surtout vers M. de Metternich.

Quand les doctrinaires furent hors des affaires, ils se rapprochèrent de M. Thiers, et eux, qui les premiers s'étaient éloignés de l'Angleterre, reprochèrent à M. Molé de n'être pas gardien fidèle de l'alliance anglaise. Ils avaient refusé l'intervention, et maintenant ils la préconisaient sous le nom de *coopération !*

La coalition força la main au système. Il revint à l'alliance anglaise, mais pas très-sincèrement. Au 1er mars M. Thiers voulut la renouer. Il facilita un arrangement entre l'Angleterre et Naples dans l'affaire des soufres, en proposant la médiation de la France. Il demanda à notre *magnanime alliée* la permission de reprendre à Ste-Hélène les cendres de Napoléon. Comme cette gracieuseté ne coûtait rien, elle ne fut pas refusée ; mais quand la question d'Orient fut sur le tapis, lord Palmerston, qui gardait des rancunes, profita de cette occasion pour se venger. Le système, voyant quel tort lui causait l'abandon de l'Angleterre, s'est plus tard rattaché avec rage, avec fureur, à son alliance, et M. Guizot, par ambition, s'est fait l'instrument d'une politique à laquelle il était opposé sous le 11 octobre et sous le 6 septembre.

CHAPITRE IV.

VISITE DE LA REINE VICTORIA A EU. — LA FLÉTRISSURE. — SÉANCE
DU 26 JANVIER 1844. — QUESTION DE TAÏTI. — LES FRUITS DE
L'ENTENTE CORDIALE. — DÉSAVEU DE L'AMIRAL DUPETIT-THOUARS.

> Oui, j'ai été à Gand ! !
> (M. Guizot en 1844).
>
> Pendant que vous passiez ainsi à l'en-
> nemi, les Français mouraient sur le
> champ de bataille de Waterloo !
> (Paroles de M. de Beaumont de la Somme).

La session avait été si stérile, le maintien du cabinet soulevait
tant d'animosités, tant de résistances, et causait de si grands em-
barras au gouvernement, que beaucoup d'esprits pensaient que
la couronne, prenant l'initiative d'un changement d'administration, se donnerait un autre conseil.

L'entrevue du château d'Eu déçut les espérances.

La reine Victoria avait consenti à faire une visite à la famille
royale de France, et cette faveur avait paru inestimable. En
effet, après le traité du 15 juillet, il y avait eu dans la chambre
et dans le pays un sentiment si marqué de répulsion envers
l'Angleterre, que le gouvernement français n'avait pas osé se
rapprocher tout d'abord du cabinet de Londres. D'ailleurs, le
terrible lord Palmerston était toujours ministre. Mais lorsque
les Tories eurent conquis le pouvoir, M. Guizot chercha à renouer l'alliance. Le système y était d'autant plus porté qu'il
avait essuyé sur le continent des froideurs et des dédains qui
l'avaient vivement blessé; toutes ses avances avaient été repoussées. Aussi la visite de la reine d'Angleterre parut une si
bonne fortune, qu'on en fut ivre de joie, et qu'on faillit en perdre la tête.

Les entretiens secrets qui eurent lieu au château d'Eu conso-
lidèrent l'entente cordiale. Les illustres visiteurs se firent des
concessions réciproques. La cour des Tuileries demanda que
l'Angleterre ne mît aucun obstacle au mariage de la reine d'Es-

pague avec le comte de Trapani ; lord Aberdeen promit à cet égard tout ce qu'on voulut, pensant que promettre et tenir sont deux. En effet, l'évènement nous prouve si l'Angleterre a été sincère et quelle foi il fallait ajouter à sa parole.

En retour on promit non-seulement de ne pas intervenir, par une influence occulte, au milieu des difficultés que soulevait le mécontentement de l'Irlande ; mais on engagea fortement le cabinet Tory à user de répression envers O'Connel et les partisans du rappel de l'union. Cette politique anti-nationale produisit en France une profonde indignation, et en Europe le plus grand étonnement. En toute occasion, depuis un siècle et demi, l'Irlande avait dans sa détresse tourné les yeux vers la France. Dans nos guerres avec l'Angleterre, Louis XIV, Louis XV, Louis XVI, la convention elle-même et le directoire avaient cherché à s'appuyer sur les griefs de l'Irlande catholique et opprimée. Il fallait un système complétement privé des instincts les plus simples de nationalité pour rompre ainsi avec la politique traditionelle du pays ! Qu'y a-t-il gagné ? O'Connel est devenu son ennemi irréconciliable, et il a fait partager ses ressentiments à tous ses compatriotes.

L'entrevue du château d'Eu consolida la position de M. Guizot. Dès qu'elle l'aperçut, la reine Victoria, connaissant son zèle pour les intérêts anglais, et se souvenant du stoïcisme avec lequel il avait déclaré que le traité du 15 juillet n'était pas un affront pour la France, lui dit gracieusement : « Monsieur, je suis charmée de vous retrouver ici. » C'était donner une recommandation à M. Guizot pour qu'il fût confirmé ministre, et ce fut ainsi que ces paroles furent interprétées. Dès lors l'appui de la Cour fut assuré à M. Guizot, et toutes les ressources de l'intrigue furent mises en œuvre pour lui gagner une majorité. Le concours des aides-de-camp et des députés dont dispose le château lui était garanti, car M. Guizot devenait l'homme de *l'entente cordiale*, dont le système s'était promis tant de douceurs au château d'Eu, et dont la France allait goûter encore les fruits amers.

M. Guizot aborda avec une pleine confiance la session de 1844. Le discours d'ouverture, qu'il avait rédigé, faisait un pompeux éloge de *l'entente cordiale*, et s'étendait avec complaisance sur la visite de la reine Victoria.

La discussion de l'adresse, cependant, ne fut pas exempte

d'amertume et de soucis pour le système. Des membres de la chambre des députés et des hommes honorables appartenant à l'opinion légitimiste, étaient allés récemment à Londres pour y voir M. le duc de Bordeaux. Le ministère prétendit que la France devait flétrir leur démarche et condamner leur fidélité au malheur. L'opinion se révolta contre cette prétention intolérable de la part d'hommes qui avaient servi tous les gouvernements, professé toutes les opinions parce qu'ils n'en avaient aucune. On fut surtout indigné de l'intolérance de M. Guizot, le transfuge, le déserteur de 1815, de M. Guizot, depuis longtemps surnommé l'*homme de Gand*. En venant demander à la chambre un vote de *flétrissure* contre les députés fidèles à leurs principes, M. Guizot souleva une des plus terribles tempêtes parlementaires dont l'histoire de nos assemblées politiques ait gardé le souvenir depuis 1789. Mais aussi quelle audace! quelle folle impudence! Il eut l'extravagance d'ériger la désertion à l'ennemi, au moment du danger, en service rendu à la patrie! il soutint cette thèse odieuse pendant une heure et demie, au milieu d'une scène impossible à rendre, sans courber le front devant les anathèmes de ses adversaires, devant l'attitude humiliée de ses partisans, et malgré son audace, malgré l'énergie de son geste et de sa parole, malgré l'éloquence dont il fit preuve en cette occcasion, il descendit de la tribune, accablé sous le poids de la réprobation nationale.

Un vote allait enfin faire justice des outrages que M. Guizot, et son système infligeaient à la morale publique; mais les députés qu'on voulait flétrir s'étant abstenus, une imperceptible majorité s'associa aux prétentions du système.

Toutes les opinions honnêtes furent unanimes pour *flétrir à leur tour* une majorité servile et dégradée, dont plusieurs membres avaient été d'obséquieux adulateurs de la restauration. Le dédain et l'indignation furent au comble, lorsqu'on sut que M. Guizot, qui ne reculait devant rien, poussait le cynisme jusqu'à faire frapper une médaille en or et en bronze, destinée à perpétuer le souvenir de cette séance du 26 janvier 1844, où il avait mis le comble à l'opprobre de sa conduite de 1815, en s'efforçant de la justifier et de s'en faire un titre de gloire.

Bientôt le *désaveu* du contre-amiral Dupetit-Thouars vint mettre le comble aux sentiments de répulsion que le cabinet inspirait au pays. Cette nouvelle humiliation devait être encore un sacrifice à l'*entente cordiale*.

En 1842, des Français avaient essuyé des avanies dans l'Océan Pacifique, à l'île de Taïti. Les armateurs qui vont dans cette mer à la pêche de la baleine, demandaient protection. Le contre-amiral Dupetit-Thouars fut envoyé dans ces parages ; il demanda réparation des insultes faites à nos nationaux, et réclama une indemnité de dix mille dollars. Là souveraine des îles de la Société, Pomaré-Wahiné, ne pouvant payer cette somme, offrit le protectorat de l'île au roi des Français ; l'offre fut acceptée et le traité conclu.

Dans la session de 1843, le ministère demanda des crédits pour l'entretien d'une force militaire et navale capable de maintenir le protectorat. L'opposition combattit l'allocation ; M. Guizot se drapa en triomphateur, en grand homme d'État, et plaça l'équilibre du monde dans les parages des îles de la Société. Mais M. Guizot avait compté sans son hôte d'Angleterre.

Les Anglais, jaloux de l'influence de la France, même lorsqu'elle s'exerce sur un coin de terre inutile au monde, cherchèrent, par leurs manœuvres, à soulever les naturels de Taïti contre le protectorat. Un agent de discorde, nommé Pritchard, qui était à la fois missionnaire méthodiste, pharmacien, accoucheur, marchand, vendeur de bibles, d'accord avec le commodore Toup-Nicholas, commandant la station anglaise, fomenta des révoltes. Le pavillon de la France fut abattu. Bientôt, MM. Bruat et Dupetit-Thouars parurent dans les eaux de Taïti avec deux frégates. L'amiral Dupetit-Thouars demanda à Pomaré de rentrer dans les conditions du traité de 1842 et de rétablir le pavillon du protectorat. Pomaré refusa ; en vain M. Dupetit-Thouars usa envers elle de tous les moyens de douceur et de persuasion ; poussé à bout, il dut prendre possession de l'île au nom du roi des Français.

Lorsque l'acte du contre-amiral fut connu en France, la nation battit des mains. Le ministre de la marine avait reçu du gouverneur, M. Bruat, des détails qui justifiaient complétement la mesure. Le gouvernement savait que l'amiral n'avait pris possession de Taïti que lorsqu'il n'avait pu s'empêcher de le faire sous peine de laisser avilir le pavillon français aux yeux des indigènes, et de voir le protectorat devenir pour eux un objet de mépris.

Mais la nouvelle, connue en Angleterre, déplut au cabinet de Saint-James et réveilla la jalousie britannique. Les journaux de Londres se mirent à injurier l'amiral français.

Alors le système sonda officieusement le cabinet anglais. En attendant, on se livra à des espérances qu'on se hâta de transmettre aux feuilles subventionnées de l'étranger et des départements. Ces feuilles publièrent la note suivante, émanée du bureau central de la presse ministérielle : « En présence de cette « action si énergique et si remarquable, surtout par les circon- « stances dont elle a été accompagnée, nous parlera-t-on encore « de l'humiliation de la France et du système de l'abaissement « continu ? Nous ne savons ; mais ce que nous croyons pouvoir « affirmer, c'est que , si en France, des Français même ont de « leur gouvernement de leur propre pays , une pareille opi- « nion, l'*étranger*, et SURTOUT L'ANGLETERRE, ne l'ont ni de l'un « ni de l'autre. »

Or, lorsqu'on sut que le gouvernement anglais était mécontent (et les interpellations adressées à sir Robert Peel et à lord Aberdeen, leurs réponses grosses de menaces pour la France ne laissaient aucun doute sur les sentiments du cabinet de Saint-James), pour ne pas s'exposer à une protestation officielle, on se hâta de prendre les devants, et de *désavouer* l'amiral Dupetit-Thouars.

Quand le désaveu parut dans le *Moniteur*, il s'éleva dans Paris un long cri d'indignation, cri bientôt répété par la France entière. Pendant ce temps, les mêmes feuilles subventionnées, qui répétaient cinq ou six jours auparavant la note que nous venons de rappeler, reproduisaient par ordre le désaveu avec le singulier commentaire qu'on va lire :

« Le gouvernement français a désavoué, AVEC UNE PROMPTITUDE qui a mérité l'estime de tous ceux qui attachent quelque importance à la bonne foi et à la justice , les procédés de l'amiral Dupetit-Thouars à Taïti. Les journaux français attribuent la décision de leur gouvernement aux remontrances de l'Angleterre ; mais ils ne s'appuient sur aucune autorité pour cela ; QUE L'ANGLETERRE AIT FAIT OU NON DES REMONTRANCES, LA N'EST PAS LA QUESTION. Les ministres français avaient à s'enquérir, d'après tous les faits, *si un de leurs officiers s'était rendu coupable d'une faute incompatible avec le caractère de la nation française,* LE FAIT ÉTANT VRAI, *ils ont résolu de donner une réparation immédiate.*

« Si l'esprit de parti n'avait pas perverti tous les sentiments de justice et de raison en France, il se trouverait aujourd'hui parmi les classes influentes de ce pays une majorité imposante en faveur du gouvernement. Un traité *obtenu, on ne sait comment,* a été violé, et le gouvernement n'avait pas de choix à faire entre une honte éternelle en approuvant la violation, *et un prompt désaveu de la conduite des violateurs.*

Les orateurs de l'opposition témoignèrent leur douleur qu'un officier supérieur eût été désavoué pour avoir, par un coup d'éclat, obtenu réparation de la foi violée et des insultes faites au pavillon national. Ils prouvèrent que le cabinet trompait la chambre, en lui dérobant les pièces nécessaires pour éclairer son jugement. M. Billault demanda s'il n'était pas temps de s'arrêter dans cette voie de la faiblesse et de la honte où l'on s'enfonçait chaque jour davantage. M. Dufaure parla d'une voix émue ; il conjura la chambre de ne pas porter le désespoir dans le cœur de nos marins.

L'effet de la séance fut immense ; mais le ministère employa la nuit et la matinée du lendemain à faire jouer les ressorts de l'intrigue ; et une majorité de 44 voix approuva honteusement le désaveu de l'amiral.

Désormais, la majorité paraissait liée au ministère par une coupable complicité. Celui-ci put compléter l'avilissement du pays, et faire boire à la France, jusqu'à sa dernière goutte, le calice d'amertume que l'*entente cordiale* avait préparé.

CHAPITRE V.

Indemnité Pritchard. — Le Maroc. — Traité de Tanger. — La journée des dupes. — M. Sauzet et le vote Pritchard.

> Nous leur raconterons leurs propres actions avec connaissance parfaite, et tout le peuple dira : Racca ! (*Le Coran.*)

Le vote de la chambre avait consterné le pays. De tous côtés on vit arriver l'expression du blâme, de l'indignation, partout la colère de la honte éclata avec une sublime énergie.

Mais rien ne pouvait arrêter M. Guizot, sur la pente fatale où il était lancé. Des complications nouvelles survinrent à Taïti. Le missionnaire Pritchard ne cessa d'ourdir des complots, de provoquer à la révolte, et de mettre ainsi la garnison française dans le plus grand danger. Nos soldats furent attaqués inopinément, plusieurs perdirent la vie, et sans une énergique résistance, tous auraient été massacrés. Un jeune officier, M. d'Aubigny, indigné de toutes ces manœuvres publiquement pratiquées, fit saisir ce Pritchard, et le retint captif pendant quelques jours, pour l'empêcher de nuire. M. Bruat, approuvant la conduite de M. d'Aubigny, fit embarquer Pritchard afin de l'éloigner de Taïti.

A la nouvelle de l'expulsion de Pritchard et de la captivité très-douce qu'il avait subie, les feuilles anglaises furent remplies de menaces et de cris de colère contre la France. Au parlement, des interpellations furent adressées, aux ministres, et le chef du cabinet, sir Robert Peel, répondit qu'en effet il avait été commis envers un sujet Anglais *un grossier outrage*, dont le gouvernement de la Reine saurait tirer *une ample réparation.*

La *réparation* ne se fit pas attendre ; pour récompenser M. d'Aubigny de son zèle et de sa fermeté patriotique, le ministre lui infligea un blâme, afin de satisfaire la jalousie et d'obéir aux injonctions de l'Angleterre. Quant à Pritchard, l'assassin de nos soldats, son gouvernement exigea qu'on lui allouât une indemnité, et M. Guizot, pour ne pas déplaire à l'Angleterre, accorda cette indemnité ! Jamais l'honneur national n'avait reçu de si cruel outrage, de si profonde blessure !

Ce qui augmenta encore l'irritation du pays, ce fut de voir les éloges prodigués par la presse anglaise à M. Guizot, à côté des injures adressées à la nation. Jamais ministre anglais, si populaire qu'il ait été, n'avait inspiré si tendre sollicitude aux feuilles de son propre pays, « car il avait risqué son existence, disait *le Sun, pour se conformer aux vues du cabinet anglais.* »

Au moment même où M. d'Aubigny était blâmé pour avoir fait son devoir, et Pritchard récompensé pour avoir provoqué au meurtre de nos soldats, la France éprouvait ailleurs les effets de *l'entente cordiale,* telle que M. Guizot la pratiquait.

Depuis qu'il avait été réduit à fuir de nos possessions d'Afrique, Abd-el-Kader avait cherché un refuge dans le Maroc. Grâce à ses instigations, les Marocains ne tardèrent pas à commencer les hostilités contre l'armée française. La guerre sainte fut prêchée dans tout l'empire ; le général Lamoricière fut attaqué à l'improviste, et plus tard le gouverneur général ayant fait demander aux chefs marocains une entrevue avec le général Bedeau, cette entrevue fut marquée par un acte odieux de trahison. Tandis qu'on était en conférence, le corps composant l'escorte française, fut attaqué ; par les Marocains qui furent mis dans une déroute complète.

Cette dernière agression, accompagnée de tant de perfidie, méritait une éclatante réparation. La France fit dés préparatifs de guerre, et bientôt une division navale, sous les ordres du prince de Joinville détruisit les fortifications de Tanger, et bombarda Mogador. Tanger n'eut pas à souffrir d'un bombardement, parceque les négociants anglais établis au Maroc y avaient leurs maisons de commerce.

Tandis que le prince de Joinville attaquait les côtes de l'Empire, le général Bugeaud opérait par la frontière de terre. On connaît le résultat de cette campagne; les Marocains furent vaincus sur les bords de l'Isly, et cette défaite porta le découragement dans la population et consterna l'empereur. Mais l'Angleterre intervint, et la France ne retira de sa gloire d'autre fruit que ces ridicules trophées qu'on étala pompeusement à Paris : *une tente et un parasol.* Quant aux frais de la guerre, le gouvernement trouva *que la France était assez riche pour payer sa gloire.* Cette gloire a coûté vingt millions aux contribuables. Les Anglais n'ont pas été si désintéressés lorsqu'ils ont fait la guerre à la Chine ou au Punjab. Le cabinet de St-James exigea que nos troupes évacuassent le territoire marocain, et M. Guizot se hâta d'obéir. Un traité fut conclu avec le Maroc, aux termes duquel Abd-el-Kader devait être livré ou interné. On sait comment cette clause a été exécutée.

Il est vrai qu'une compensation à ces humiliantes déceptions nous était réservée; tandis que M. Guizot signait avec empressement le traité de Tanger, en Angleterre on préparait au roi des Français une réception des plus démonstratives. Louis-Philippe traversa la Manche, alla à Windsor, fut fait chevalier de l'ordre de la Jarretière, et les Anglais, pour témoigner combien ils étaient touchés de la politique de son gouvernement, lui firent un accueil triomphal. Il put se croire rajeuni de 14 ans, et revenu à ces jours d'enthousiasme et de popularité qui suivirent la révolution de juillet. Les Anglais en 1844 éprouvaient les sentiments des Français en 1830.

Quand la session s'ouvrit, l'opinion se prononçait avec une si grande force contre le ministère, qu'on crut enfin qu'il allait tomber contre la réprobation générale. Les premiers votes de la gauche relatifs à la formation du bureau, parurent significatifs; mais M. Guizot avait pris ses précautions.

La veille du 1er de l'an, le roi dit à la députation de la chambre, que ceux qui pensaient qu'il ne tenait pas à son ministère, *jouaient le rôle de dupes.*

Fort de l'appui de la cour, ouvertement, mais inconstitutionnellement proclamé, M. Guizot crut pouvoir aborder sans crainte la discussion de l'adresse. Il avait tellement comblé de faveurs sa majorité habituelle, qu'il crut pouvoir compter sur elle ; mais quand vint la discussion du paragraphe relatif à l'indemnité Pritchard, un amendement présenté et chaleureusement developpé par M. Léon de Malleville fut adopté. M. Sauzet eut l'audace de proclamer (1) contre l'évidence, que l'amendement avait été repoussé. Mais comme l'indignation de la chambre allait faire justice de ce tour de gobelet, comme un vote au scrutin allait faire rejeter le paragraphe même, et donner la majorité à l'opposition, M. Sauzet, sur un geste de M. Guizot, s'élança éperdu de son fauteuil, s'enfuit à toutes jambes, et la séance finit ainsi au milieu d'un tumulte effroyable. C'était un samedi.

Le ministère avait près de 48 heures pour ramener, séduire, corrompre ou intimider ceux qui protestaient contre sa politique, et ceux qui ne voulaient plus l'appuyer. Le lundi la séance s'ouvrit au milieu d'une agitation et d'une anxiété générales, et le ministère, qui croyait avoir bien pris ses mesures, déclara qu'il se retirerait s'il n'obtenait pas une majorité *claire, évidente, décisive.* Neuf députés ministériels refusèrent de voter, déclarant ainsi qu'ils blâmaient la politique du système, et la majorité pour le cabinet fut de *trois* voix !

Tout Paris pensa que le ministère avait donné sa démission le soir même de ce vote. C'était mal connaître M. Guizot et ses collègues ; pour eux le pouvoir avili est toujours le pouvoir ; il faut le conserver à tout prix. Ils se traînèrent misérablement avec une majorité très faible, mais liée à leur destinée par le vote Pritchard. La cour exigea qu'on profitât de cette majorité qui ne pouvait plus rien refuser au système, pour faire voter l'ar-

---

(1) Puisque le nom de M. Sauzet se trouve sous notre plume, il ne sera pas mal de citer un mot peu connu qui prouve combien cet honorable président a une profonde connaissance du cœur humain, sans qu'il y paraisse à son air innocent.

On préparait dans les bureaux ces lois de septembre dont M. Sauzet avait été nommé rapporteur. Comme un des membres de la Commission parlait de substituer la prison aux amendes exorbitantes qu'on a inscrites dans ces lois, M. Sauzet s'y opposa en s'écriant : « En mettant un homme en prison, vous le rendez intéressant, mais en le ruinant, vous le rendez impuissant et ridicule. »

mement des fortifications. Toutefois, comme cet acte pouvait effrayer quelques consciences timorées, la cour pria M. Thiers et ses amis, depuis cinq ans engagés dans la question des fortifications, de prêter leurs voix au cabinet; grâce à cet appoint, le vote fut emporté. Désormais sous le plus frivole prétexte de guerre, le gouvernement peut munir d'artillerie les remparts de 18 citadelles, et enfermer Paris dans un cercle de feu ! C'est cette odieuse et criminelle majorité élue en 1842 qui aura donné au pouvoir les moyens de violer ouvertement la Charte, et d'attenter à la liberté des chambres, si jamais il en a fantaisie.

CHAPITRE VI.

Abdel-Kader. — La guerre sainte. — Ben-Achache.

Tout est bien qui finit bien.

Les événements ne tardèrent pas à démontrer tout ce qu'il y avait d'imprévoyance, d'impéritie, dans la politique du ministère. Une politique faible est toujours funeste.

Il y avait à peine quelques semaines que la session était close, quand on apprit l'épouvantable massacre de Sidi-Brahim. Abdel-Kader, qui devait être interné depuis le traité de Tanger, avait su préparer paisiblement à la frontière du Maroc les moyens de recommencer la guerre. Les tribus marocaines lui avaient fourni des secours en hommes, en chevaux, en argent, en subsistances : vainement l'autorité française avait reçu avis des préparatifs de l'ex-émir; elle s'était endormie dans une coupable sécurité. Quand Abdel-Kader eut pris ses dispositions, il fit irruption sur notre territoire; des espions qui lui étaient dévoués conduisirent dans un guet-à-pens les colonnes aux ordres du colonel Montagnac, et nos braves, après une des plus héroïques défenses dont l'histoire fasse mention, succombèrent presque tous. Ceux qui survécurent à leurs blessures furent faits prisonniers, et l'on sait qu'après huit mois de captivité et de tourments de toute sorte, ils ont été impitoyablement massacrés, parce que le ministère a dédaigné de donner suite à la négociation ouverte pour les racheter.

Après ce coup de main, Abdel-Kader s'avança en Algérie ; la guerre sainte fut prêchée ; une insurrection générale éclata, insurrection dont la France connaît les tristes épisodes, et qui a coûté tant de dépenses au pays, tant de fatigues et de pertes à notre armée !

Telle a été pour nous la conséquence du traité de Tanger. Nous pouvons aussi mettre en ligne de compte le voyage de Ben Achache, dont le trésor a défrayé la mission. Cette prétendue mission, au reste, n'avait qu'un but, celui de faire croire à une négociation, afin d'empêcher les interpellations de la tribune.

Afin de tâter l'opinion, le ministère nomma pairs de France quelques-uns de ses féaux, des pritchardistes qui avaient été élus par des colléges jusqu'alors inféodés au pouvoir. Le résultat ne répondit pas à son attente, et les élections partielles furent telles, qu'il dut comprendre l'échec qui l'attendait inévitablement s'il tentait des élections générales.

Au moment où la situation paraissait plus compromise que jamais, l'agiotage lui offrit un secours qu'il saisit avidement. Chacun se rappelle le spectacle qu'offrit Paris, et bientôt la France entière, lors de l'adjudication de la ligne du Nord. L'appât d'une prime excita toutes les convoitises ; grand nombre de députés sollicitèrent des actions de chemin de fer ; le pouvoir intervint pour les leur faire obtenir. En gratifiant ainsi leurs amis complaisants ou ceux qui voulaient le devenir pour avoir part au butin, les ministres ne s'oublièrent pas.

De nombreuses compagnies se formèrent pour concourir à l'adjudication des lignes qui restaient à concéder. L'abus fut poussé jusqu'au scandale, et enfin jusqu'au ridicule. Des pairs et des députés se mirent à la tête des compagnies, gagnèrent des sommes considérables, et le pays put se faire une idée exacte de la moralité d'un grand nombre de ses mandataires.

Grâce aux chemins de fer, à l'ouverture de la session de 1846, le ministère eut d'emblée une immense majorité. Cela devait être, beaucoup de députés étaient repus ; et quand un honnête homme, M. Victor Grandin, proposa un amendement contre les débordements de l'agiotage, cet amendement fut lestement repoussé.

Désormais la majorité allait se complaire dans la corruption où elle était descendue.

CHAPITRE VII.

Le système a l'intérieur. — Satisfaction des intérêts matériels. — Lois adoptées par la chambre. — Lois avortées ou repoussées.

> « Vous sentez-vous corrompus ? »
> (M. Guizot aux électeurs de Lisieux).
>
> Le cas est grave, dit Molière, quand le malade ne sent pas sa maladie.

Nous avons vu dans toutes les questions de politique extérieure le système sacrifier la dignité et l'influence de la France aux exigences de l'étranger, et particulièrement de l'Angleterre. Nous l'avons vu en toute occasion prouver son impuissance à résoudre au profit du pays la moindre difficulté diplomatique. Si, poussé par la voix publique, le système a manifesté quelque énergie en prenant l'initiative de certaines questions, il s'est hâté bien vite de revenir en arrière, et pressé par la peur, il s'est humilié, il s'est aplati, il s'est rapetissé au point de passer par le trou d'une aiguille, selon l'expression pittoresque de lord Palmerston. Ainsi a-t-il fait dans la question d'Orient, dans celle de Taïti, dans celle du droit de visite, dans celle du Maroc, etc... Mais l'impuissance dont il a fait preuve dans les affaires de l'intérieur n'est pas moins grande, et si la politique du dehors est celle de l'inertie et de l'abaissement continu, on peut dire que la politique du dedans a été celle de l'affaiblissement et de l'avortement continu.

A l'avénement de la Chambre de 1843, le pouvoir faisait répéter par tous ses organes, qu'il fallait abandonner les interminables querelles sur la politique extérieure, et se préoccuper des questions d'affaires, que la Chambre devait s'appliquer à organiser les ressources du pays, lui voter des chemins de fer, faire de bonnes lois sur l'industrie, les finances, les colonies, les douanes, les ports de mer, etc. Que la France était lasse de toutes ces querelles de principe et de forme gouvernementale, et qu'elle ne voulait plus penser qu'à ses intérêts matériels. La France fut très-surprise d'avoir pensé cela ; mais elle comprit que l'on allait se livrer à quelques nouveaux exercices, et attendit qu'on voulût bien donner satisfaction à ses intérêts matériels.

Le premier intérêt matériel que l'on pensa à satisfaire fut celui de la dynastie. Le pays trouva que c'était parfaitement juste : à tout seigneur, tout honneur ! La Chambre fit la loi de régence, régla l'ordre de la successibilité au trône et alla se promener. Les intérêts matériels du pays ne se trouvaient pas suffisamment satisfaits par cette loi de prévoyance (qui pourrait bien avoir le sort du testament de Louis XIV), mais comme le cabinet avait besoin de consolider sa position, on les pria d'attendre jusqu'à la saison prochaine.

A la session de 1844 on tint parole, et la Chambre s'occupa presque simultanément de la loi sur les patentes, des chemins de fer, du recrutement.

La loi sur les patentes telle qu'on l'a faite satisfait fort peu les intérêts matériels du pays. Elle n'a d'autre avantage que d'augmenter d'une manière assez considérable le revenu de l'impôt direct, et de diminuer le nombre des électeurs indépendants. Cette loi ne rend pas plus juste la répartition des contributions, ne donne aux citoyens aucune garantie de plus contre l'arbitraire ; elle laisse au contraire l'administration maîtresse de faire produire à l'impôt tout ce qu'elle voudra, et rend le contrôle des chambres presque illusoire.

Quant aux chemins de fer, on sait de quelle manière ils ont satisfait les intérêts matériels. Certes, le pays était pressé de voir la vapeur abréger les distances ; mais à qui peut-on dire que les chemins de fer aient profité jusqu'à présent, si ce n'est aux banquiers, qui, par leurs manœuvres de bourse, ont réalisé des bénéfices considérables, et aux personnages influents qui se sont faits leurs complices ? Les fortunes moyennes ont-elles gagné quelque chose au système adopté par la chambre ? Mais ce sont-elles qui ont payé et qui paient encore toutes les différences de la hausse et de la baisse. L'industrie, le commerce, y ont-ils gagné ? Mais depuis deux ans, les fonds se sont retirés des opérations commerciales et des établissements industriels, pour se répandre à la bourse et courir après les feux follets de l'agiotage ? Les propriétaires y ont-ils gagné ? Mais depuis que les actionnaires sont obligés de verser le montant de leurs souscriptions, on a vu s'accroître considérablement les ventes *par autorité de justice* de terres et de maisons. Les marchands, les ouvriers, les gens de la campagne, la masse des voyageurs y ont-ils gagné? Mais on a laissé établir des tarifs qui coûtent aux personnes peu aisées une dépense double de celle qui résultait des anciens moyens de transport ; de plus, la négligence ou l'insouciance des compagnies exploitantes met en danger la vie des voyageurs, ainsi qu'on l'a vu par les accidents de Versailles, de St.-Étienne, de Fampoux. Quels sont donc les intérêts qu'on a satisfaits par l'établissement des chemins de fer ? Ceux des juifs, ceux des grands financiers et ceux des habiles de la presse, de la chambre et de la cour. Est-ce donc là la France ?

Parlerons-nous de la loi sur le recrutement que la chambre des pairs avait renvoyée à la chambre basse, après lui avoir fait subir quelques modifications? Mais c'est en vain que nous avons cherché quelque différence de principe entre cette loi et celle qu'elle doit remplacer. Cette loi n'est, dans toute sa teneur, qu'une espèce de réglement, qui aurait pu tout aussi bien être fait par les bureaux de la guerre. Elle a augmenté encore la rigueur de l'impôt du sang, en prolongeant le terme du service, et elle a laissé exister ces bureaux, disons plutôt ces repaires, où se fait le trafic de la chair humaine (1).

Nous trouvons ensuite les vaines mesures qu'on a adoptées sur la falsification des vins (2), puis la loi sur les brevets d'invention qui ne vaut guère mieux que celle qui existait déjà sur la matière. Il n'a pas dépendu du ministère qu'elle fût bien plus fiscale encore qu'elle n'est ; mais les efforts de l'opposition, et en particulier ceux de M. Bethmont, firent adopter le principe du paiement en annuités, combattu par le cabinet par la seule raison que cette mesure favorisait les inventeurs.

Nous trouvons dans cette même session de 1844 la loi sur la réforme pénitentiaire qui contient quelques mesures utiles à la société, mais qui augmente cruellement les supplices de l'emprisonnement. Cependant, comme les intérêts ministériels, ni les intérêts financiers, ni les intérêts électoraux, n'étaient en jeu, cette loi est moins insignifiante que les autres, bien qu'elle ait le tort de n'être pas assez organisatrice, et de ne pas se préoccuper suffisamment de l'amélioration des détenus. N'oublions pas la loi sur la chasse faite au profit des classes riches, et dont

----

(1) Cette loi n'est pas encore promulguée.

(2) Encore un projet de loi avorté après avoir occupé pendant trois ans les loisirs de la Chambre ! Toujours la toile de Pénélope pour amuser le public !

la chambre des pairs a augmenté encore les tendances aristocra-
tiques, en mettant en dehors et au-dessus de la loi commune
les propriétés de la couronne.

Enfin, la session se termine, comme d'habitude, par la discussion du budget, paraphrasé en 400 pages in-4°, par M. Bignon.
C'est là le bouquet.

En 1845, nous voyons encore moins qu'en 1844, des réformes utiles au pays. La loi sur le conseil d'État, qui est la première loi importante de cette session, paraît avoir été faite pour
occuper les loisirs de la chambre ; elle ne peut faire ni bien ni
mal au pays.

La chambre se traîne longtemps à travers de stériles discus-
sions, qui intéressent fort peu les intérêts matériels, jusqu'au
moment de la loi sur l'armement des fortifications. La proposi-
tion a soulevé dans Paris une unanime réprobation ; des pétitions
ont été adressées à la chambre ; la garde nationale a protesté,
mais c'est en vain ; les représentants de la France veulent faire
le bonheur de la capitale et pourvoir à sa sûreté malgré qu'elle
en ait. L'armement est adopté.

La loi sur les caisses d'épargne a donné la mesure de la ca-
pacité législative de la chambre. Elle a donné lieu à une foule
d'amendements ; elle s'est traînée pendant plusieurs jours au
milieu de l'inattention générale, et enfin elle a été adoptée à une
grande majorité ; mais elle n'en est pas meilleure pour cela. Le
pouvoir pouvait, dans cette occasion, faire quelque chose pour
les prolétaires; mais il en serait bien fâché; il a mieux aimé diminuer, au profit du trésor, les avantages et les garanties des
dépositaires.

Nous ne trouvons plus rien, dans cette session, qui vaille la
peine d'être cité, à moins que ce ne soit la mesure adoptée contre les jésuites, dont les associations menaçaient la sûreté de
l'État, à ce qu'on disait, pour détourner le pays de la politique
étrangère et du projet d'armement.

Jamais session n'avait été si stérile.

La session de 1846 a été féconde en lois, mais hélas! en cette
matière la quantité peut-elle remplacer la qualité ?

La chambre, après une longue discussion sur l'adresse, a
repris la loi sur la falsification des vins, qui était sur le métier
depuis deux ans et qui, malgré cette longue incubation, n'a pas
encore vu le jour. Puis elle a adopté des crédits extraordinaires

pour l'Algérie, où, tous les ans, vont s'engloutir des sommes de plus en plus considérables, puis des crédits pour des canaux, etc., etc. Votez, votez des crédits, il en reste toujours quelque chose entre les mains par lesquelles ils passent.

Citons ensuite la loi sur les marques de fabrique, dans laquelle les pairs ont déployé à qui mieux mieux leur profonde ignorance des choses de l'industrie et qui est encore dans les lymbes ; la loi sur les livrets, élaborée avec amour par la chambre des pairs, qui a prouvé dans cette occasion sa tendresse extrême pour les ouvriers ; la loi du droit d'octroi sur les bestiaux, qui n'a pas changé grand chose à ce qui existait avant, et ne fera pas baisser la viande d'un sou. Nous ne trouvons plus ensuite que des votes de crédits pour la navigation intérieure, pour de nouvelles lignes de fér, encore des crédits supplémentaires pour l'Algérie, et enfin le budget.

Si maintenant, après l'examen des lois fabriquées par la chambre de 1842, nous passons à la nomenclature des projets de loi avortés ou rejetés, nous trouverons une liste beaucoup plus longue, et dans laquelle figureront les mesures les plus libérales, les plus utiles au pays.

Ainsi, la chambre ne s'est occupée ni de la réforme électorale, ni de la réforme hypothécaire. Elle a fait repousser la proposition Rémusat sur les incompatibilités, par 232 voix, dont 133 appartenaient à des fonctionnaires. Elle a rejeté la proposition sur le timbre des journaux, sur les annonces judiciaires, sur le duel, sur la conversion des rentes 5 0|0, sur la liberté individuelle. Elle a enterré le projet de loi sur l'instruction secondaire, et la réforme postale, et la diminution de l'impôt sur le sel. C'est ainsi qu'elle a satisfait les intérêts matériels du pays ! Paralysée par l'influence du cabinet, elle a été impuissante pour le bien, et n'a su faire que des lois inutiles ou anti-libérales.

Bien que nous ayons hâte d'en finir, qu'on nous permette encore un mot sur les manœuvres de la chambre et du ministère à l'endroit des mesures qui touchent le plus aux intérêts matériels du pays.

Le projet sur la réforme postale, présenté par le ministère, avait une portée assez libérale. La taxe des lettres se trouvait diminuée d'une manière sensible. Le trésor n'en aurait pas souffert, car les envois par la poste auraient considérablement augmenté, et auraient bientôt suffi pour compenser cette différence Mais le ministère s'était trompé ; il avait oublié un moment son esprit étroit de fiscalité. Le naturel revint au galop. Sous prétexte que la réduction sur l'impôt du sel allait réduire les revenus du trésor, on retira le projet de la réforme postale, et on fit adopter par la chambre cette misérable réduction du décime rural et du droit sur les envois d'argent qu'on a porté à 2 p. 0|0 au lieu de 5 p. 0|0. Ainsi fut escamotée la réforme postale ; mais ce qu'il y avait de plus coupable dans cette comédie, c'est que le ministère et la chambre savaient fort bien, dès ce moment, que la réduction sur l'impôt du sel ne serait pas adoptée, pas même discutée par la chambre des pairs. La chambre des députés le savait si bien, qu'elle vota dans le budget des recettes pour 1847 le chiffre de l'impôt du sel, tel qu'il résultait de l'ancienne taxe. On ne regardait donc pas la réduction adoptée précédemment comme sérieuse. On n'avait pris cette mesure que pour se populariser un peu, au moment de paraître devant les électeurs.

La proposition de M. de Saint-Priest, sur la réduction de la rente 5 p· 0|0, a fourni aussi le sujet d'une autre scène de prestidigitation.

La conversion du 5 p. 0|0 en 4 1|2 est une mesure sur laquelle on ne discute plus aujourd'hui. Tout le monde en comprend l'utilité, la nécessité. Tout le monde sait qu'elle ne saurait avoir aucun danger pour le trésor, parce que les porteurs d'actions à 5 p. 0|0 aimeront mieux conserver leur titre à 108 ou 110, que de s'en défaire au pair. — La conversion procurerait au trésor une économie considérable , la rente 3 p. 0|0, alourdie par le 5 p 0|0 actuel, remonterait d'une manière sensible. L'exemple de l'Angleterre et de la Prusse, dont les conversions, qui s'appliquèrent à du 4 et à du 3 1|2 p. 0|0, n'ont pas fait fléchir les fonds, est là d'ailleurs pour nous rassurer. La chambre depuis dix ans a adopté la mesure en principe ; mais tous les ans, on a différé, sous quelque nouveau prétexte, de la convertir en loi. Il serait curieux d'étudier les véritables raisons qui font différer systématiquement cette mesure. Mais *non est hic locus*. Nous nous contenterons de faire observer que dans le cas où l'on convertirait la rente 5 p. 0|0, il faudrait faire la liquidation de ces 147 millions inscrits au grand livre ; et si à ce propos on s'avisait d'en rechercher les titulaires, à quelles révélations ne serait-on pas entraîné?... Quoi qu'il en soit cette année encore, la proposition de M. de Saint-Priest a été prise en considération par la chambre, à une majorité de 80 voix ; mais en même temps, les intentions secrètes de la chambre se manifestèrent dans le choix des commissaires, qu'elle nomma à l'effet d'examiner le projet. Sur 9 membres, la chambre en choisit 6 qu'elle savait opposés à la réduction, et M. Jacques Lefebvre fut chargé de présenter le rapport! C'était donc un parti pris d'avance; aussi, la proposition a été enterrée dans les bureaux ; le rapport de M. Jacques Lefebvre n'a été ni lu ni imprimé, et l'on n'a plus entendu parler du projet de loi. On n'aurait pas osé le repousser en public, on le faisait disparaître dans les coulisses !

CHAPITRE VIII.

LA CORRUPTION ÉLECTORALE. — MOYENS D'INFLUENCE QUE POSSÈDE LE POUVOIR SUR LES ÉLECTIONS. — LES CHEMINS DE FER. — CONSEQUENCES DE LA CORRUPTION ELECTORALE.

> Tout gouvernement est plus ou moins corrupteur; mais celui qui érige la corruption en principe est odieux et ne finira que par la décomposition.
>
> (Jean de Muller).

Depuis que la corruption est devenue un moyen de gouvernement, elle n'a pas cessé de perfectionner ses moyens d'action, et d'étendre son influence, semblable en cela à ces ulcères qui pénètrent et envahissent sans relâche le corps dont ils se sont emparés , le dévorent fibre à fibre, membre à membre , et ne le quittent pas, jusqu'à ce que les vers du sépulcre soient venus les remplacer dans leur œuvre de destruction.

Nous n'avons pas l'intention de raconter toutes les manœuvres dont le pouvoir se sert pour influencer les élections. Ces manœuvres, tout le monde les connaît aujourd'hui. On n'ajoute pas plus foi aux audacieuses dénégations de M. Duchâtel, qu'on n'est la dupe de ces circulaires publiques que le ministre de l'intérieur envoie à MM. les préfets par la voie de la presse. Les préfets ne lisent sans doute pas ces sortes d'homélies, ou s'ils les lisent, c'est pour chercher sous la lettre le sens caché qu'elles renferment ; ils ont, pour les y aider, les instructions particulières qu'ils viennent chercher à Paris aussitôt que les élections ont été résolues, les notes confidentielles, et d'ailleurs ils n'ont qu'à se laisser guider par les candidats ministériels dont ils ne sont que les courtiers électoraux. Ils savent qu'avant toute chose ils doivent plaire aux députés influents de la localité, prendre leurs ordres, subir leurs créatures et mettre les emplois du département à leur disposition. C'est pour eux le seul moyen de salut.

On sait que dans les élections de 1842, la majorité des colléges électoraux avait condamné la politique du système, et que si la Chambre avait été fidèle aux engagements que la plupart de ses membres avaient pris devant leurs électeurs, le cabinet du 29 octobre eût été renversé. On se rappelle que le ministère trouva dans la catastrophe du 13 juillet un prétexte pour prolonger son existence. Ce délai lui permit d'agir sur les consciences des députés, et depuis cette époque il ne cessa pas de recruter des partisans, de telle sorte que plus son impopularité croissait dans le pays, plus il gagnait de voix dans la Chambre.

On pense bien que les adhérents recrutés par le système n'embrassaient pas sa cause par pur dévoûment, et encore moins par conviction. Il fallait pour les y décider leur donner de bien bonnes raisons ; mais ces raisons, le budget les fournissait amplement. On ne se lassait pas d'y puiser. Grâce à la générosité de la Chambre, tous les ans le budget des recettes augmente, celui des dépenses augmente bien davantage encore ; les crédits extraordinaires ne sont jamais refusés ; tout cela retombe en pluie d'or sur le pays, comme chacun sait, et nos honorables qui se trouvent au premier rang n'ont qu'à tendre leur chapeau. Aussi c'est une bénédiction pour les députés qu'un ministère impopulaire; il n'a rien à refuser à ses amis et même à ses ennemis, lorsque ceux-ci, tout en gardant leur indépendance, veulent bien lui prêter leur vote sur les quelques questions qui pourraient entraîner sa chûte.

Les électeurs de Paris ne sont pas témoins de toutes les manœuvres qui se pratiquent dans les départements, au moment des élections; ils sont trop nombreux et en général trop indépendants du pouvoir par position, pour que la corruption puisse avoir sur eux une influence suffisante; aussi il est à peine deux ou trois colléges dans Paris où l'administration parvienne à faire triompher ses candidats, et encore ce n'est qu'en y concentrant toutes ses forces, en appelant dans leur sein, la grande majorité des fonctionnaires et des employés du gouvernement. Dans les départements au contraire, il n'est peut-être pas dix colléges où le ministère ne pût parvenir à faire triompher ses créatures, s'il voulait employer largement les moyens d'action, de corruption et d'intimidation dont il dispose. Il faut croire que l'art d'influencer les élections, est loin d'avoir acquis toute la perfection dont il est susceptible, puisque avec ses immenses ressources, le ministère parvient à peine à faire triompher la moitié de ses candidats; il est vrai qu'il inspire d'un bout de la France à l'autre, la plus touchante impopularité, et puis, il aime sans doute mieux agir sur les députés, que sur les électeurs. Il est toujours plus facile d'acheter 50 députés, que d'influencer 25 ou 30 mille électeurs.

Que le gouvernement préfère la corruption au 1er degré, c'est-à-dire celle qui atteint immédiatement le député, ou la corruption au 2e dégré, c'est-à-dire celle qui passe par l'électeur pour arriver au député, peu importe; les moyens sont à peu près les mêmes. Nous nous contenterons de les rappeler à nos lecteurs.

Dans un gouvernement aussi fortement centralisé que le nôtre, toutes les fonctions, tous les grades, tous les honneurs sont entre les mains du pouvoir exécutif, qui peut les distribuer à son gré; comme rien ne se fait en dehors de son action, il met la main aux élections, ainsi qu'à tous les autres actes de la vie publique, et cherche à les faire concourir au maintien de sa puissance. Il y a en France 200,000 fonctionnaires (1) (lesquels se partagent

---

(1) Ce chapitre était composé lorsque nous avons lu dans le *National* du 20 juillet 1846, l'article suivant, qui présente le dénombrement exact des fonctionnaires publics et la totalité des sommes qui leur sont attribuées. On verra que notre appréciation était encore bien au-dessous de la vérité. Nous appelons l'attention de nos lecteurs sur l'énumération suivante des fonctionnaires et employés au dépar-

47,000,000 fr.,) que le *pouvoir* a le droit de révoquer ou de remplacer dans leurs emplois; il y a une armée de 400,000 hommes, dont tous les grades sont distribués par le *pouvoir*; il y a 50,000 membres de la Légion d'honneur, qui tiennent leurs décorations de l'État, et ce nombre peut être augmenté selon le bon plaisir du *pouvoir*; enfin la France jouit d'un budget de 1500 millions que le *pouvoir* est chargé de distribuer, à la condition de faire semblant d'en rendre compte au pays. Mais, nous dira-t-on, le ministère ne peut disposer de toutes ces forces, qu'avec une certaine mesure. Ainsi il ne peut guère abuser de la faculté de destituer des fonctionnaires; il est retenu par la crainte du scandale, et par le danger de désorganiser l'admi-

---

tement de l'intérieur. Ce coup-d'œil pourra faire apprécier l'étendue des ressources électorales d'un ministre capable d'exiger que tous ceux qui sont dans sa dépendance soïent, comme le voulait M. Mahul, la chair de sa chair et les os de ses os. Les circonstances dans lesquelles nous sommes donnent un très-grand intérêt au tableau suivant :

	Nombre.	Traitements
Préfets, sous-préfets, conseillers de préfectures et commis de tout genre.	10,600	8,160,000 f.
Maires et adjoints.	90,100	
Secrétaires des communes et commis.	39,500	8,750,000
Gardes-champêtres, commissaires de police, agents de police et commis.	46,500	11,600,000
Police secrète.	inconnu	2,400,000
Administration des télégraphes.	700	900,000
Garde nationale.—Administrations et salariés.	1,200	2,800,000
Imprimeurs et libraires.	7,000	
Beaux-Arts.	700	1,800,000
Monuments publics.	300	740,000
Monts-de-Piété.	1,200	3,600,000
Hôpitaux.	2,000	3,000,000
Prisons.	3,500	3,200,000
Bureaux du ministère.	250	1,120,000
Totaux.	203,550	46,270,000

Si à ce chiffre de 203,550 fonctionnaires dépendant du ministère de l'intérieur, on ajoute celui des agents et employés des autres départements, on trouve en totalité le nombre de 551,000 individus salariés par le budget;—140,520 non salariés;—13,000 indemnitaires ou secourus;—104,460 pensionnés;—ensemble environ 900,000 salariés ou non salariés, mais placés dans la catégorie de ceux dont on exige qu'ils fassent prévaloir la politique du cabinet, et qu'ils luttent avec courage contre les manœuvres des partis.

Telle est l'armée que va mettre en mouvement M. Duchâtel. Sur quelle force numérique agira ce corps formidable ? Sur 200,000 électeurs, dont bon nombre se trouvent compris dans l'énumération que nous venons de faire.

Qu'on médite ce bref et rapide aperçu, et puis qu'on dise s'il n'y a rien à changer à la loi électorale !

nistration par des mutations trop fréquentes ; dans l'armée, les grades sont soumis à un ordre d'avancement qui gêne les faveurs, s'il ne les empêche pas ; quant aux croix, elles perdent tous les jours de leur influence, et bientôt l'esprit positif du siècle y sera complétement insensible ; reste le budget, dont on peut nous dire avec raison que, parmi les chapitres qui le composent, il en est beaucoup qui ne peuvent être affectés qu'aux objets qui s'y trouvent désignés, et qu ces objets spéciaux n'ont rien de commun avec la matière électorale.

Nous ferons toutes ces concessions si l'on veut, et nous n'en serons pas moins convaincu que le ministère, même en n'usant de tous ces avantages qu'avec mesure, possède des moyens d'influence et de corruption suffisants pour rendre complètement illusoire le système représentatif.

Nous jetons un regard sur le budget, et nous voyons parmi les chapitres qui peuvent servir à soutenir le ministère contre le vœu du pays, les sommes énoncées sous les titres de : subventions, distributions de secours de toute espèce, bourses aux colléges et séminaires, constructions d'écoles, d'églises, de presbytères, de salles d'asile pour les communes qui votent bien, puis les encouragements pour les savants, pour les chevaux, pour les beaux-arts, pour l'agriculture, secours aux personnes indigentes qui ont des parents électeurs et pour les campagnes grêlées qui nommeront le député de notre choix. Il faut ajouter à cela *les fonds secrets* du ministère de l'intérieur, ceux des affaires étrangères, ceux de la guerre, puis par-dessus tout les ressources du *fonds commun* qui sont immenses, se répartissent par ordonnance et sont distribuées selon la volonté du ministère. Il est impossible d'évaluer à moins de cinquante millions, les fonds qui peuvent annuellement être appliqués à préparer la matière électorale. Et qu'on ne croye pas que les ministres se fassent faute d'user des arguments dont ils ont ainsi les mains pleines. A l'époque des élections de 1842, M. Guizot en fit une question de portefeuille pour tous ses collégues. Il fut établi dans le conseil des ministres, que tous les actes administratifs devaient être faits au point de vue des élections. Il fallait se soumettre à cette règle ou cesser d'être ministre. Nous ne sachons pas qu'aucun de ces messieurs se soit retiré.

Malheureusement le budget, quelque élastique qu'il soit, ne peut pas toujours suffire ; puis il y a des consciences farouches qui ne veulent pas ou qui n'osent pas y participer ; d'une autre part, on ne peut pas créer tous les jours des fonctions nouvelles ou faire des fonctionnaires nouveaux. On avait besoin d'un moyen de recrutement qui pût agir d'une manière plus efficace et plus générale ; on le trouva dans la création des chemins de fer.

Depuis plusieurs années le pays réclamait l'établissement des voies de fer ; mais pour réaliser ce vœu du pays, il fallait choisir entre deux systèmes qui se trouvaient en présence : l'établissement et l'exploitation par l'État et au profit de l'État, comme en Belgique, ou bien comme cela se pratique en Angleterre, leur abandon à l'industrie privée par concessions faites à des compagnies. Le premier de ces systèmes imposait à l'État une dépense considérable ; mais rien n'était plus facile que d'ouvrir un emprunt spécial, aux chemins de fer avec la garantie d'un minimum d'intérêt. On aurait conservé ainsi au budget le droit de locomotion qui, pour appartenir à tous, doit rester entre les mains du gouvernement, et celui-ci aurait eu la libre disposition des tarifs. Par le second système, on livrait la fortune publique à l'agiotage ; mais au moins les finances de l'État n'étaient point compromises, et l'on n'augmentait pas l'abîme de la dette publique. La chambre et le ministère ont si bien fait que de ces deux manières de procéder, ils ont su réunir tous les inconvénients. La chambre en fesant construire les chemins aux frais de l'État, pour en abandonner l'exploitatation aux compagnies pendant des périodes de 30 de 40 de 50 années et plus, dépossédait le pays de ses routes, livrait la fortune publique à l'agiotage et engageait pour 15 ans les finances de l'État.

On trouverait sans doute l'explication de ce vote en compulsant les listes de souscription des sociétés par actions qui se sont créées dans ces dernières années. On la trouverait aussi dans les scandaleuses révélations qui furent faites touchant les actions du Nord, et dans l'histoire de certaines adjudications. Il ne nous appartient pas d'aborder ces détails ; d'ailleurs, tous ces faits sont d'hier, et l'on ne peut les avoir oubliés.

Mais, comme on sait, les chemins de fer n'agissaient pas seulement sur les intérêts individuels de MM. les députés ; ils avaient une influence non moins grande sur les colléges électoraux. C'est surtout au moment où se votaient ces nouvelles sources de richesse que l'on a vu briller ce patriotisme de clocher qui anime nos honorables. Que de luttes, que d'efforts, que d'intrigues, que de démarches! Chacun voulait détourner quelque ligne au profit de son village ; on se les disputait, on se les arrachait ; quand on ne pouvait pas enlever une ligne entière, on se contentait d'un tronçon, d'un lambeau, ou l'on mendiait un embranchement.

Cependant au milieu de cette course au chemin, qui était en même temps une course à l'élection, le ministère se faisait des partisans et ne soutenait pas les lignes les meilleures, mais bien celles qui lui procuraient le plus de votes. Il faisait aux banquiers litière des intérêts de l'Etat ; mais les banquiers lui rendaient cela en actions de grâce de 500 fr., et ses amis en profitaient. Il n'avait pas dépendu du ministère que M. de Rothschild n'obtînt, l'année précédente, la concession du chemin du Nord avec des avantages tels que M. Teisserenc a évalué à 357 millions le bénéfice (1), qu'il y avait eu pour l'Etat à ne pas ratifier le premier marché....... Mais arrêtons-nous ; il faudrait un livre tout entier pour traiter cette grande question des chemins de fer, et raconter les influences qu'ils ont eues sur le pays et la perturbation qu'ils ont jetée dans les finances de l'Etat et dans les fortunes particulières (2).

Le ministère du 29 octobre n'a pas inventé la corruption électorale ; mais il l'a perfectionnée. Avant lui on travaillait les élections ; on commettait des actes administratifs pour faire triompher les candidats du pouvoir ; mais c'est à lui que revient l'honneur d'avoir érigé la corruption électorale en système. Avant lui l'influence du pouvoir se faisait sentir à l'époque de l'élection ; mais aujourd'hui l'influence administrative au point de vue électoral est devenue permanente. Elle s'exerce longtemps avant l'élection, et même pendant toute la durée d'une chambre. C'est ainsi qu'on accorde toutes les faveurs aux com-

---

(1) Le mot bénéfice n'est pas exact ; il faudrait mettre : la différence de perte.

(2) Nous n'avons pas parlé des ressources que trouve dans notre colonie d'Afrique le système de la corruption. Il y a là cependant une mine inépuisable de faveurs, d'emplois, de concessions, de fournitures, sans compter qu'on y prépare au profit de Paris les futurs éléments du gouvernement du sabre. Nous ne croyons pas exagérer en disant que l'Algérie vaut plus de cinquante voix au système.

Ce résultat mérite bien qu'on y entretienne une armée de 100 mille hommes et qu'on y dépense tous les ans quelques centaines de millions.

munes qui votent bien. Chemins, secours, subventions, allocations sont pour elles ; mais pour les communes qui votent mal, on n'a que rigueurs et refus désobligeants. On met à ce dernier régime les colléges indépendants, jusqu'à ce qu'ils en aient assez, et arrivent à composition. « Et tout cela est pour le mieux sous le meilleur des ministères possibles, disent MM. Guizot et Duchâtel à leurs amis. La politique que nous suivons n'est-elle pas la meilleure, la seule qui puisse développer la grandeur et la prospérité de la France? — Sans doute, leur est-il répondu. — Alors les électeurs qui n'approuvent pas notre système ne sont-ils pas de mauvais citoyens, indignes de participer aux bienfaits de notre gouvernement?—Oui certes.—Mais les colléges électoraux qui nous donnent la majorité ne méritent-ils pas d'être récompensés de leur dévouement, et comme ils contribuent à faire le bonheur du pays en nous maintenant au pouvoir, n'est-il pas juste qu'ils profitent avec nous des faveurs du budget? — Tout cela nous paraît admirable, et nous ne comprenons pas qu'il y ait en France des esprits assez mal faits, pour ne pas s'humilier devant la raison grande de MM. Guizot, Duchâtel et consorts.»

Malheureusement tout cela est fort peu risible. La corruption s'infiltre de plus en plus dans les mœurs ; elle s'est communiquée du pouvoir au parlement et à l'administration, d'où elle pénètre dans le cœur du pays ; le corps électoral l'a accueillie d'abord au profit de la localité, puis au profit des intérêts individuels. Les électeurs qui donnent leur vote au candidat du pouvoir et qui, en échange, reçoivent de celui-ci une allocation de 12,000 fr. pour construire leur mairie, ou pour réparer leurs chemins, savent bien que s'ils sont vingt contribuables dans la commune, cette somme représentera pour chacun d'eux, une économie de 600 fr. De là à vendre sa voix pour mettre l'argent dans sa poche, il n'y a qu'un pas. Aussi nous savons déjà des collèges (heureusement il en est encore bien peu) où l'élection se fait comme en Angleterre à beaux deniers comptants. Nous pourrions citer un pays où aux dernières élections (de 1842) un candidat racheta pendant la nuit les votes que son concurrent s'était procurés la veille, et lui enleva, en payant à chaque électeur le prix d'une vache, une élection que l'autre croyait assurée, et qu'il préparait depuis trois semaines.

La corruption des mœurs publiques n'est pas le seul inconvénient de ce système. Il tend aussi à discréditer, à compromettre le principe du gouvernement représentatif, et porte un coup funeste à la centralisation et à la hiérarchie administrative.

En effet, qu'arrivera-t-il lorsque le gouvernement se sera si bien emparé des élections (et cela ne tardera pas), qu'il sera sûr de sa majorité parce qu'il l'aura achetée? Il en résultera que le gouvernement, tout en paraissant consulter la nation, ne consultera que lui même, et que les mandataires du pays ne seront en réalité que les représentants de l'administration. Alors, on se demandera à quoi bon une chambre, dite représentative, qui ne représente rien? On en fera une espèce de sénat conservateur ou de parlement consultatif, chargé d'enregistrer les édits et de ratifier les lois de finances. Alors le gouvernement personnel, fondé sur les ruines de la représentation nationale, deviendra le gouvernement du bon plaisir; mais alors les temps seront venus. La France, chargée d'impôts et d'opprobre, sera livrée à l'exploitation féodale d'une nouvelle oligarchie ; sa magnifique unité sera rompue, le sol sera tenu hypothécairement par les banquiers, et cultivé pour leur compte ; toutes les sources du revenu et de la fortune publique, couleront au profit de quelques accapareurs ; les juifs seront les gardiens de l'honneur de la France et de sa nationalité. Le pouvoir exécutif lui-même, ne trouvant aucune force nationale sur laquelle il puisse s'appuyer, succombera sous l'action dissolvante de la féodalité nouvelle, et le gouvernement ne sera plus alors que *l'accaparement et le monopole.*

CONCLUSION.

APPEL AUX ÉLECTEURS.

La chambre, élue en juillet 1842, va comparaître devant les électeurs et avec elle le ministère du 29 octobre. Le pays légal va juger souverainement les actes de la majorité, et en même temps la politique extérieure et intérieure du ministère. Ces actes et cette politique présentent une longue énumération de fautes, de faiblesses, de déceptions, de hontes, d'atteintes à l'honneur, à la prospérité, aux libertés du pays.

Les chrétiens de Syrie, nos plus anciens, nos plus fidèles al·liés dans le monde, ont été abandonnés. Dans le Liban, ils ont été égorgés, dépouillés ; ils errent nus, sans pain, sans asile ; le nom de la France, qui autrefois leur servait d'égide, ne les cou-vre pas ; les droits qu'ils devaient à notre protection sont à ja-mais anéantis.

L'Espagne, si souvent dupe depuis quelques années d'une politique sans portée et sans entrailles ; l'Espagne, victime des intrigues et de la duplicité de notre cabinet, est prête à se livrer à l'Angleterre. Notre influence y est détruite : carlistes, progres-sistes, libéraux modérés, détestent également un pouvoir qui les a joués ; ils le méprisent et veulent relever cette barrière des Pyrénées, abaissée par Louis XIV.

Nos alliés et nos compatriotes dans la Plata ont été abandonnés ; ils succomberont tous, victimes de la misère, de la faim, d'une guerre atroce.

La protection du gouvernement manque à nos concitoyens sur tous les points du globe ; en quel état de l'Amérique du sud y a t-il sécurité pour les Français ?

Nous avions dans le nouveau monde une alliance naturelle,

celle des États-Unis ; nous l'avons sacrifiée à la crainte de déplaire à l'Angleterre.

A Taïti nous n'avons recueilli que des humiliations. Pomaré
elle-même dédaigne de recevoir les lettres du roi des Français ;
nos officiers sont condamnés à la chercher d'île en île, de rocher en rocher ; ils essuient ses capricieux refus et deviennent la
risée des misérables sauvages.

Nos griefs contre le Maroc subsistent toujours. Le guet-à-pens
de Sidi-Brahim et le massacre de nos prisonniers demandent
en vain vengeance. M. Guizot n'ose se plaindre de peur de déplaire à l'Angleterre. Le prétendu traité de commerce dont on
a tant parlé n'était qu'une piperie de plus. Il n'a pas été
signé.

Pendant cinq ans la France a poursuivi, avec une persévé-
rante énergie l'abolition du droit de visite. Aux traités qui con-
sacraient ce droit vexatoire, mais limité dans des zônes détermi-
nées, M. Guizot a substitué une convention qui l'étend à toutes
les mers ; il a sacrifié le principe de la libre navigation que la
France avait toujours défendu au prix des plus grands sacrifices ; il a imposé de nouvelles dépenses au budget dejà si obéré.
En un mot, grâce à lui, la convention du 29 mai 1845 n'a été
qu'une honteuse déception.

En arrivant au pouvoir, M. Guizot fut salué par le cri public
du nom flétrissant de *ministre de l'étranger* ; il s'est constam-
ment efforcé de justifier ce titre. C'est au-dehors qu'il cherche
des attestations de patriotisme, et les feuilles anglaises n'ont pas
de louanges assez hyperboliques, pour nous prouver quel trésor
nous possédons en la personne de M. Guizot.

En présence des faits que nous venons de rappeler, il est impossible de nier que la politique du gouvernement français n'ait
été en toute occasion et surtout depuis 1840, tout à la fois in-
digne et maladroite, imprévoyante et anti-française. Les sacrifices au système de la paix à tout prix ont été tels, que la France
a subi impunément de ses amis et de ses ennemis les plus cruels
outrages. La passion de l'entente cordiale a été poussée si loin qu'on
lui a sacrifié la dignité, l'honneur, l'influence du nom français. Le
gouvernement anglais a su exploiter à son profit ce sentiment de
la peur, qui est la maladie endémique du système ; il s'est opposé à
toute action expansive de la France ; il s'est efforcé d'arrêter le
développement de son commerce extérieur, en lui interdisant

toute colonisation nouvelle et en l'obligeant à restreindre sa puissance maritime. Il a trouvé dans les hommes qui gouvernent notre pays des complices dévoués à ses projets, et l'Angleterre qui, sous les plus frivoles prétextes, plante son pavillon sur tous les rochers de la mer, qui envahit les îles et les continents, et dont rien n'arrête la puissante expansion, l'Angleterre, qui depuis 15 ans s'est emparée par la fraude et la force de tous les royaumes de l'Asie centrale, et qui a éventré la Chine pour lui prendre son or, l'Angleterre qui, semblable à un immense polype, enserre dans ses milles bras toute la surface du globe, l'Angleterre n'a pas permis que le pavillon français flottât sur quelques îlots perdus au milieu de l'Océan, et ne veut pas reconnaître à la France la possession de l'Algérie !

Les complaisances du système pour sa magnanime alliée ont fait perdre à la France le fruit de ses efforts, de ses sacrifices pour établir notre marine sur un pied respectable. Le budget de la marine est énorme ; il est le double, le triple de celui que la Chambre allouait à la Restauration. Et cependant, notre matériel naval, nos approvisionnements sont inférieurs à ce qu'ils étaient en 1830. Grâce à des désordres effroyables, aux gaspillages, à une administration sans contrôle, des ressources immenses ont été dilapidées, et ce n'est pas exagérer que de dire que depuis seize ans, sur le budget de la marine plus d'un demi-milliard a été dépensé en pure perte.

Telle est l'incurie systématique du gouvernement qu'il ne s'est pas ému de l'incendie du Mourillon ; au contraire, il a tout fait pour empêcher les regards investigateurs du pays de pénétrer dans les causes ténébreuses de ce sinistre.

Le pays consacre plus de 300 millions au budget annuel de la guerre.

L'armée est trop nombreuse pour l'état de paix. En vain les hommes sensés, dans l'intérêt de nos finances et pour établir en même temps sur de larges bases la défense du pays, ont demandé qu'un système de réserve fût adopté. L'Autriche a ses régiments frontières, la Russie a ses colonies militaires, la Prusse a sa landwer ; la France a une armée immense tout exprès pour faire la police du royaume : elle entretient une *maréchaussée* de quatre cent mille hommes !

Et cette armée, elle est victime de l'injustice, des dilapidations les plus scandaleuses. Les épaulettes sont le prix d'un vote ;

pour obtenir de l'avancement, il ne suffit pas de bien servir son pays, il faut être courtier d'élections, député complaisant ou parent de député.

Le budget va grossissant toutes les années. Après une paix générale de trente ans, il y a déficit; la dette est accrue et s'accroît chaque année, l'amortissement est dévoré d'avance pour longtemps.

Avec un revenu de 150 millions, dans un temps où il avait toute l'Europe sur les bras, Louis XIV entretenait une armée de quatre cent mille hommes ; il avait cent vaisseaux de ligne et cent mille matelots. — De 1804 à 1810, à l'époque de sa plus grande puissance, l'empire avait un budget de 800 millions et une armée permanente d'un million d'hommes! Aujourd'hui le budget s'élève au chiffre monstrueux de 1,500 millions!

L'accroissement des charges du pays depuis 1830 est de près de 500 millions.

Toutes les nations autour de nous modèrent leurs dépenses, réduisent l'intérêt de leur dette, en amortissent le capital, allégent le fardeau des impôts, et l'Angleterre notamment vient de nous donner le plus admirable exemple.

En France, quelles sont les taxes qui ont été réduites et transformées? On a *demandé à l'impôt tout ce qu'il pouvait rendre*. De 1825 à 1839, l'accroissement naturel des charges selon le progrès de la richesse nationale, était au total de 8 p. 0|0; de l'année 1839 au budget que M. Laplagne a présenté pour 1847 et que la majorité a voté avec acclamation *et avec un surcroît de dépenses*, l'accroissement s'élève à la proportion exorbitante de 26 p. 0|0.

Comment le ministère et sa majorité, qui affectent un intérêt hypocrite pour la propriété foncière, ont-ils traité la propriété en général?

En 1829, le montant des contributions directes était de 326 millions. Les prévisions pour 1847 portent ces mêmes contributions à 418 millions. — Différence en plus dans l'espace de dix-huit ans : 92 millions.

De plus, dans bien des communes, les centimes additionnels présentent un chiffre aussi élevé que le principal de la contribution, et c'est la propriété qui supporte tout cela !

Et l'agriculture, comment l'a-t-on traitée? En Angleterre, on a *aboli* l'impôt du sel; le ministère et sa majorité n'ont pas même voulu réduire la taxe énorme dont il est frappé. La France, qui a plus de 200 lieues de côtes, des marais salans en abondance, des mines de sel d'une grande richesse, *est le pays d'Europe où le sel coûte le plus* !

Nous avons dit comment la réduction sur le sel, la réforme postale et la conversion de la rente ont été escamotées et enterrées par le ministère, de complicité avec la chambre.

Depuis 1840, l'accroissement des impôts et des dépenses a dépassé toutes les bornes. Nos gouvernants espèrent bien, d'ici à quelques années, arriver à faire suer à la France un budget de 2 milliards. Ils entraînent le pays dans un abîme; mais que leur importe ? Cela durera bien toujours autant que nous, disent-ils, parodiant le mot de Louis XV.

Et d'ailleurs, ne faut-il pas au ministère des ressources immenses pour entretenir la corruption? A quelle époque vit-on comme aujourd'hui l'immoralité érigée en système et en moyen avoué de gouvernement? Les doctrinaires, qui n'ont d'autre habileté que celle du mal, ont dépassé Robert Walpole, qu'on a appelé *le père de la corruption*. Il avait dans son portefeuille *le tarif de toutes les consciences du parlement*. A cette époque, un membre de la chambre des communes osait dire à ses électeurs, qui insistaient pour lui faire des représentations : « Je « ne sais ce que vous voulez ; mais je sais bien que je vous ai « achetés très cher, et que je suis décidé à me vendre le plus « cher que je pourrai. »

M. Léon de Malleville n'a-t-il pas pu s'écrier, aux applaudissements de l'opposition, et en face des députés vendus, qui ont un instant courbé la tête de honte : « *Nous connaissons tous le tarif de vos dévouements.* » Et pour compléter la ressemblance entre ces deux situations, n'a-t-on pas entendu un député s'écrier, en parlant des électeurs qui l'ont nommé : « Les « imbécilles ! je leur ai fait obtenir dix fois plus, depuis que je « suis l'ami du ministère, que lorsque j'étais de l'opposition, et « ils ne sont pas contents ! (1). »

C'est aux électeurs à voir s'ils veulent que cet état de choses

---

(1) Nous lisons ces paroles dans l'*Esprit public* du 22 juillet 1846, qui donne le nom de ce député.

se maintienne et s'aggrave ; le sort de la France est entre leurs mains ; il dépend d'eux de briser cette majorité odieuse, vénale, cupide, anti-nationale, unique dans nos annales parlementaires.

En vain pour défendre ce ministère et cette majorité, les feuilles soldées parlent de la prospérité toujours croissante ; cette prospérité est factice, et la moindre commotion mettrait à nu la situation précaire de nos finances. Trente ans de paix générale n'ont pas produit, grâce au système rétrograde de notre gouvernement, le quart des bienfaits que la France était en droit d'espérer.

Si la richesse matérielle du pays a été augmentée, si le développement industriel a accru la fortune publique, c'est à lui-même, à son activité, à son énergie, à ses efforts que le pays en est redevable ; son gouvernement n'y est pour rien.

Depuis 1815, la France n'a pas cessé de vouloir la paix ; elle en avait besoin pour réparer ses forces ; elle en avait besoin pour suivre le mouvement commercial, auquel les peuples obéissent aujourd'hui, et qui les pousse à la fraternité universelle. L'Angleterre était bien loin devant elle dans la voie du progrès : il y avait un siècle entre les industries des deux pays. La France porta dans les arts de la paix, cette spontanéité, cette puissance d'initiative et d'assimilation qu'elle possède au suprême degré, et bientôt l'Angleterre put prevoir le jour où elle aurait une rivale sur les marchés du globe. La restauration laissa la nation suivre ses instincts industriels ; elle les favorisa par les droits protecteurs nécessaires à l'enfance de toute industrie, et par le régime de la paix, qui était la conséquence nécessaire de son origine.

Le gouvernement de 1830 ne pouvait aussi se consolider que par la paix ; les agitations de la guerre auraient pu mettre tous les jours son existence en question, et l'auraient entraîné sur la pente des réformes rapides, pente dangereuse et glissante pour un trône fait d'hier. Qu'on ne vienne pas nous dire que c'était pour favoriser le développement commercial et manufacturier de la France, que le système a maintenu la paix au prix de tant de sacrifices ; c'était par amour pour sa propre conservation, par crainte de compromettre l'ordre de choses fondé en juillet 1830.

Si nous n'avions hâte de clore ce travail, nous demanderions aux hommes qui ont gouverné le pays depuis 1830, et qui se vantent d'avoir satisfait ses intérêts matériels ce qu'ils ont fait pour favoriser son développement agricole, manufacturier, commercial ? Nous leur demanderions s'ils ont ouvert aux produits de l'industrie, de nouveaux débouchés, s'ils ont créé une marine capable d'aller répandre les richesses du sol et des manufactures, sur tous les marchés du monde, s'ils ont su faire arriver dans le pays, les matières premières au meilleur marché possible, s'il ont favorisé la diffusion des richesses sur le plus grand nombre , s'ils ont aidé à la circulation des capitaux, et s'ils ont su au moyen de nombreuses banques départementales, féconder l'agriculture et les entreprises de l'industrie. Et s'ils n'ont rien accompli de tout cela, s'ils n'ont rien fait pour se préparer au grand mouvement industriel qui se prépare, et dont l'Angleterre prend en ce moment l'audacieuse initiative, qu'ils cessent de se vanter d'avoir fait la prospérité de la France. Non seulement ils n'ont pas contribué au développement de notre pays, mais encore ils sont parfaitement ignorants de ses besoins et dans le présent et dans l'avenir.

Qu'ils se retirent donc, car ils n'ont ni la tête ni le cœur de la France, et ils n'ont ni la science ni l'amour qu'il faut pour la diriger.

Et maintenant que notre tâche, comme écrivain est accomplie, nous devons nous préparer à remplir notre devoir comme électeur. Nous regrettons qu'un plus grand nombre de citoyens, que tous les Français honnêtes et indépendants ne soient pas appelés à se prononcer avec nous sur le système qui nous gouverne. Car, selon la belle expression de M. de Lamartine, si on peut corrompre un verre d'eau avec un atôme, on ne saurait corrompre un fleuve avec une masse de poison.

Espérons que le corps électoral comprendra toute la sainteté de la mission qu'il a à remplir ; cette mission est d'autant plus grave et sainte qu'elle est confiée à un nombre d'électeurs bien restreint eu égard à la masse nationale, et que chaque électeur représente lui-même plus de cent de ses concitoyens dont il trahirait le mandat s'il transigeait avec sa conscience, et préférait son intérêt propre à l'intérêt de tous.

Électeurs, la France attend de vous un généreux effort! Formez une nouvelle *ligue du bien public ;* nommez des représentants dignes de la patrie et de vous demandez-vous, la main sur la conscience, si devant Dieu et devant vos concitoyens, vous ne seriez pas coupables en confiant de nouveau les destinées de la France à M. Guizot et à la majorité qui a trahi son mandat et compromis tant de fois l'honneur et les intérêts de la France !

FIN.

Imp. de Edouard Beautruche, rue de ia Harpe, 90.

TABLE DES MATIÈRES.

INTRODUCTION. De 1830 à 1840.   1

CHAPITRE Ier. Le Cabinet du 1er mars. — Question d'Orient.   6

CHAP. II. Le Cabinet du 29 octobre. — Biographie politique de M. Guizot. — Rentrée dans le concert Européen. — Les fortifications de Paris.   10

CHAP. III. Elections de 1842. — Mort du prince royal. — L'enquête. — La loi de régence. — Session de 1843. — Droit de visite. — L'alliance anglaise.   15

CHAP. IV. Visite de la reine Victoria à Eu. — La flétrissure. — Séance du 26 janvier 1844. — Question de Taïti. — Les fruits de l'entente cordiale. — Désaveu de l'amiral Dupetit-Thouars.   19

CHAP. V. Indemnité Pritchard. — Le Maroc. — Traité de Tanger. — La journée des dupes. — M. Sauzet et le vote Pritchard.   24

CHAP. VI. Abd-el-Kader. — La guerre sainte. — Ben-Achache.   28

CHAP. VII. Le système à l'intérieur. — Satisfaction des intérêts matériels. — Lois adoptées par la Chambre. — Lois avortées ou repoussées.   30

CHAP. VIII. La corruption électorale. — Moyens d'influence que possède le pouvoir sur les élections. — Les chemins de fer. — Conséquences de la corruption électorale et parlementaire.   37

CONCLUSION. Appel aux électeurs.   45

Imp. de E. Bautruche. r. de la Harpe, 90.